신비주의와 선

신비주의와 선 禪

육신통과 깨달음

김성갑 지음

운주사

머리말

종교인이 된다는 것은 행복한 일이다. 불꽃 튀는 생존경쟁에서 한발 물러나 불우한 이웃을 돌보고 나 자신의 물욕과 풍선처럼 팽배하는 에고ego를 어느 한순간이라도 멈추게 하고 또 쉬게 할 수 있는 여유를 가진다는 건 본인 스스로에게도 좋은 일이다. 소속된 종교의 경전을 배우고 익히며 사랑과 자비, 관용을 키운다는 것은 인생의 전환점이 된다. 그리고 종교의 믿음은 본인은 물론 가족들에게도 얼마간의 행운이 올 수 있음을 교회나 사찰은 넌지시 말하고 있지 않는가! 그뿐만 아니라 내세의 보장도 암묵적으로 보장하는 차원에서 생명보험 납부하듯 십일조에 가까운 보시를 정확하게 지키는 것이 아니겠는가?

성경은 일신론적 역사관을 복음이란 미명 아래 널리, 그리고 집요하게 전파한다. 다른 어떤 종교보다 우월하고 으뜸 진리인 복음은 나와 내 행동을 다른 무엇보다 소중히 여기는 우리 하느님, 전능한 유일신이 세계를 지배한다고 주장한다.

뭔가 좋은 일이 일어난다면 그것은 내 믿음과 정성에 대한 보상임이 틀림없다. 그리고 재앙이 닥친다면 그나마 큰 불행이 아님을 불행 중 다행으로 믿음에 결부시키며, 내 정성이 부족했음을 시인하는 것으로 '모두가 내 탓으로!' 돌린다. 불교 역시도 기독교적인 신문화(?)를 받아들여 정치적이며 배타적 종교관에다 기득권적인 행보에 관심을 두는 것 같다.

한편으로 생각해보면 일신론적 교리는 조금 황당할 수도 있겠다는 견해가 생긴다. 하느님에 의한 천지창조는 옛날 사람들이 생각하든 지금 사람들이 생각하든 신화神話의 범주를 벗어나기 어렵다. 그것은 역사적인 사실이 될 수도 없고 철학적인 논리도 될 수 없다. 어디까지나 상상의 그림이기 때문이다.

그렇다면 예수가 다짐하고 부처가 관여함을 보장한다는 사실도 썩 믿기지 않는다. 불신시대에 사는 오늘의 현대인이라면 이에 대한 의심의 눈초리가 한번쯤은 필요하지 않을까.

누가 누구를 믿고 투자하면 큰 이득이 있다는 투기꾼들과는 비교할 수 없지만 무조건적인 맹목적 믿음과 그 맥락은 다를 바가 없다. 그래서 생겨난 것이 무교회주의와 불교의 선법禪法이다. 무교회주의는 교회를 불신하고 부정하지만 그들 역시 신심을 강조하는 차원이라 그것이 그것 같다. 하지만 불교의 선禪은 모든 경전과 교학을 부정한다.

선禪이란 본시 중국 당唐대의 문화부흥기 시절, 이전의 일체의 교학불교를 부정하는 데서 생겨난 불립문자不立文字, 직지인심直指人心의 아주 급진적이고 혁명적이며 토착적인 운동이고 보면, 선은 문자로 쓰인 모든 경전을 부정하는 일종의 반불교 운동이라고도 말할 수 있다.

선禪은 이전의 교학불교와 달리 노장사상老莊思想과 유사하지만, 그럼에도 그들과는 판이하다. 자연법칙을 따라가는 무위자연을 주장하는 것은 비슷하지만 그들과 달리 확실한 결과물인 깨달음(Nirbana)이 목표가 된다.

그럼 깨달음이란 무엇인가? 선정과 삼매에서 얻어지는 지혜의 통찰력이라면 너무 광범위한 표현인가! 6신통의 초능력과 과거와 미래를 예측하고 업장소멸을 할 수 있는 법력, 『법화경』의 3명통이라고 말할 수 없는 것이 조금은 안타까울 따름이다.

선승禪僧이 무당의 작두타기나 영통을 무시하지만 한편으로는 부러워한다면 말이 안 되는 소리다. 영통이란 접신된 귀신의 에너지와 혹세무민의 헛소리인 것이다. 무속인의 영통을 깨부수고 그들을 제압할 수 있는 6신통인 법력이 없이는 대중들에게도 진리의 법어를 전하는 것은 쉽지 않다. 종교 기득권세력의 상속자가 아닌 맑음의 법력, 신통神通이 필요한 것은 당연한 일이다.

하지만 신비주의란 초능력과 신통을 말하는 것이 아니라 깨달음의 과정에서 오는 맑음의 현상일 따름이다. 『능엄경』의 관음법문과 이근원통, 『금강경』의 제3의 눈, 황벽선사의 정명본체, 옴마니반메훔의 6자 대진언 속의 마니주 등등은 달마조사의 묘한 작용(妙用)에 내포된 맑음 속의 신비, 움직임 그 자체다.

그렇다. 신통은 깨달음의 여정에서 얻는 보너스로 치료의 기능, 퇴마의 능력, 창조의 법력을 말하는 것이다. 그래서 선禪은 인류 최고의 수행법이라고 자랑할 만한 가치를 지닌 것임에 틀림없다.

이 책이 나오기까지 일심으로 도와주신 압구정 리치모아Rich More의원 김동진 원장, 그리고 교정을 도와주신 법사님들의 노고에 감사의 말씀 드리며, 아울러 마지막 선수행의 교과서로 마침표를 찍도록 졸저拙著를 아껴주시는 여러 애독자님들께 심심한 사의를 표합니다.

무술년 유월 인사동 우거에서

1.

수행

선禪수행의 시작은 어디에선가 진리를 발견할 수 있을 거라는 막연한 기대감과 동경심에서 출발한다. 지금은 비록 시작에 불과하나 결국 진리의 문 앞에 서면 세속의 모든 것을 정리하고 오로지 진리의 선수행 대열에 동참할 것이라는 각오다.

동서고금의 책 속에서 어렴풋이 짐작되는 깨달음의 길이란 주관적 성취감과 현실도피의 돌파구가 아님은 확실하다. 사랑하는 가족을 뒤로하고 흉금을 털어놓고 인생을 논하던 친구들과의 작별을 예고하면서, 오늘도 홀로 어두운 방에서 침묵의 정진을 즐기고 있다.

그것이 꼭 나의 소유라고는 말할 수 없겠지만 어둠을 밝히는 광원이 되고, 평화를 만들 수 있는 에너지가 되며, 갈증에 시달리는 이들에게 시원한 맑음의 샘물이 되리라는 확신을 기대하고 있다. 그러나 10년이 가고 20년이 가고, 가도 가도 끝없는 정진의 세월만 있다면 그것은 아니지 않겠는가?

미신과 과학 사이를 갈라놓는 시대의 학자들은 새로운 학문의 지평을 열고 있다. 1620년 프랜시스 베이컨은 『신기관(The New Instrument)』이라는 과학 선언문을 출간했다. 이 책에서 그는 '아는 것이 힘이다'라고 주장했다. '지식'의 진정한 시금석은 그것이 진리인가 아닌가가 아니라, 그것이 우리에게 힘을 주느냐의 여부다.
일반적으로 과학자들은 백 퍼센트 정확한 이론은 없다는 것을 당연하게 여긴다. 그 결과 지식인가의 여부, 나아가서 진리인가 아닌가를 판별하는 검사법으로서는 그 논리 자체만으로는 부족한 것이 되었다. 진정한 판별의 시금석은 그 이론의 유용성이다. 우리에게 새로운 일을 할 수 있는 능력과 힘을 가진 과학적 이론이 진정한 지식이 된다.

수행도 이와 같다. 평생을 면벽面壁만 한다면 그게 무슨 소용이 될까? 기복신앙에서 주장하는 정성을 다해야만 복福을 받을 수 있다는 정성타령이나 교회에서 내세를 보장받을 수 있다는 내세론은 사기극일 수 있다.

이처럼 수행의 방법론 중에서 그 자체의 유용성을 놓치면 바람 잡고 구름 잡는 다단계식 사기극이 될 가능성이 크다. 수행을 통해서 얻어지는 건강과 회춘은 보너스다. 이러한 주장을 하면 다른 수행자들이 신통을 좇는다고 비방할지라도 건강을 해치는 수행법은 올바른 선禪 행이라 할 수 없다.

 번뇌

지상의 모든 삶은 생존경쟁이다. 생명이 있는 모든 동식물은 육신과 종족의 보존을 위해서는 수단과 방법을 가리지 않고 투쟁해야 한다. 우리 인간도 마찬가지다. 우리는 주변에서 일어날 수 있는 모든 재난과 고통에 깊은 영향을 받는다.

특히 글로벌 시대, 전 세계를 안방같이 넘나드는 여행객들은 각국의 각종 유행성 전염병에서 자유로울 수 없고 또 종교적, 사회적 갈등에서 비롯한 테러 같은 우연한 재난의 위험에서도 현대인들은 벗어날 수 없다. 그뿐만 아니다. 개인적인 번민, 좌절, 불만, 스트레스로 인해 때때로 밤을 하얗게 지새우기도 한다.

사람들은 행복하고자 열심히 공부하고 노력하여 부富와 권력을 추구하고, 지식과 소유물을 얻으며, 아들딸을 낳고 상류사회의 진입을 꿈꾼다. 그래서 육신을 가지고 사는 동안 내내 세속적인 목적(부와 권력)의 결과만을 행복과 불행의 척도로 삼고 있다. 이런 세속적 목적의 부족함 때문에 일어나는 번민이라면 물질적으로 풍요해지면 다들 행복해할 것이다.

하지만 인간의 속성상 무엇을 이룩하더라도 결코 만족할 수 없다. 비유컨대, 가난한 사람은 부자를 꿈꾼다. 1억을 가지면 10억을 원한다. 10억을 가지면 100억을 원한다. 심지어 엄청난 부와 명성을 가진 재벌조차도 100% 만족하는 일이 극히 드물다.

물론 한순간은 행복한 쾌락 속에서 인생을 즐기겠지만, 이들 역시 끝없는 걱정과 괴로움에 사로잡혀 살다가 결국 늙고 병들어 죽는다. 그 순간, 자신이 치열하게 쌓은 평생의 업적들은 연기처럼 자신의 영혼과 함께 덧없이 사라진다.

어찌 보면 우리의 삶은 극심하고 무의미한 생존경쟁일수도 있다. 따라서 물질이 모든 고통에서 우리를 구할 수는 없다. 이러한 일들은 그 모두가 현상계의 제약된 조건이며 또한 인간조건의 필수적인 부분이다. 특히나 현대인에 있어 명상이 필요한 이유는 물질만능시대의 병폐에서 오는 인간성의 요구와 함께 정신적인 안정과 위안 때문이다.

밀려오는 업무의 과중함에 자신의 능력과 한계를 절감하고 번민하며 남들과의 비교우위에서 끝 모르는 욕망의 모순에 빠져버린다. 한계에 부딪힐 때마다 욕망의 올가미는 더욱 죄어들고 멀고 먼 자유인에 대한 갈망은 애절해진다.

이러한 현상 속의 불안과 번민, 공포는 육신을 병들게 하고, 나아가 정신적인 허탈과 공허감을 일으킨다. 이런 번뇌의 모진 바람과 성난 파도를 잠재우려면 조용한 침묵과 함께 깊은 명상의 시간이 필요하다. 명상수행을 통하여 분노와 탐욕의 어리석음을 쉬게 한 후, 청정한 계율을 지니고 선정에 들면 마음의 자유와 지혜를 얻을 수 있을 것이다. 이 점이 우리가 수행을 해야 하는 이유 중의 하나다.

지금 그대가 하고 있는 일을 하고, 지금 그대가 고통받고 있는 것을 아파하라. 이 모든 것을 신성하게 행하라. 그대의 가슴 (hearts) 이외에 변해야 할 것은 아무것도 없다. 신의 질서에 따라 우리에게 일어나는 것을 가까이하는 데에 신성함이 있다.
_ 드 고시드

스트레스

현대를 살아가는 우리는 스트레스를 피할 수 없다. 왜냐하면 스트레스는 자기감정뿐 아니라 현실에 대한 불만의 일부를 이루기 때문이다. 우리가 갖는 대부분의 감정과 욕망, 야망 등은 현실에 대한 작용과 관련을 맺고 있다. 그래서 자기중심적인 삶은 자아의 이익에만 전적으로 매달릴 수밖에 없다. 이러한 요소들은 모두 현실적인 상황과 관련지어져 스트레스를 유발시킨다.

모든 고통의 핵심적 이유는 자기중심주의 때문이다. 모든 것이 자기 자신에게만 집중되어 있어, 일상에서 부딪히게 되는 어려움과 거북함은 곧바로 자기 행복에 방해가 된다. 그러면 감정은 스트레스성 신경질로 변하면서 심장의 박동수를 높인다. 그렇다고 감정에서 표출된 파괴본능, 소유욕, 지배욕을 마음껏 발산한다 해도 거기서 이끌어낼 수 있는 만족은 찰나적인 즐거움뿐이다.

그 이후에 나타나는 허전함은 우리를 또다시 무기력에 빠지게 한다. 결국 감정을 다스린다는 것은 마음의 평정을 되살리는 일이다. 어떻게 하면 마음의 평정을 찾을 수 있을까? 후유- 하며 숨을 길게 내쉬어본다. 그렇다. 스트레스는 오늘의 삶이 언제까지나 변하지 않는다는 것이 전제가 될 때 일어나는 마음의 작용임을 깨달아야 한다. 고로 이 세상에 영원히 변하지 않는 삶이란 없다.

도둑은 저들끼리만 있으면 자신들이 도둑인 것을 잊어버린다. 그러다 경찰이 나타나면 자신들이 도둑인 것을 인식하게 되어 도망을 치려 한다. 이처럼 세상을 변하지 않는 영원한 것으로 생각하다가 돌연 '생겨난 것은 언젠가 사라진다(是生滅法)'는 진리를 되새기는 순간, 스트레스는 사라지고 마음의 평정은 저절로 다가오는 것이다.

그렇다! 여유로운 마음을 가지기 위해서는 발등 앞의 손익에서 벗어나 대장부의 여유로운 삶을 흉내라도 내야 한다. 이 현상계는 언젠가 사라져야 할 꿈이요, 허깨비요, 물거품이요, 그림자요, 이슬이요, 번개인 것을 생각해야 한다. 그 순간 우리는 현실에서 벗어난 초보수행자가 된다. 이처럼 대장부의 흉내보다 정신수양을 통해서 더 높은 수행자의 삶으로 거듭난다면 그보다 더 좋은 일이 어디 있겠는가.

君子深造之以道하면 欲其自得之也이라
自得之則居之安하고 居之安則資之深하고
資之深則取之左右에 逢其原이니
故로 君子欲其自得之也이니라

군자君子는 깊이 파 들어가 도道로써 스스로 깨닫고자 한다.

스스로 깨달으면 평안에 머무르고, 평안에 머무르면 맘이 깊
어지고,
맘이 깊어지면 어느 쪽으로 가든지 진리를 만난다.
때문에 군자는 스스로 깨닫고자 한다.
_ 『맹자』 이루하편

자기부정

정신수양은 어떻게 하는 것인가? 눈을 지그시 감고 마음을 집중
하여 정신통일을 유도하면 되는 것인가? 물론 정신통일이 중요
한 것은 사실이다. 하지만 정신수양은 맨 먼저 자아自我를 부정
하는 것에서 시작된다.
이렇게 힘들고 고달픈 '나'란 도대체 어디서 왔으며 무엇 때문에
존재하는가? 왜 열심히 공부해야만 하고, 왜 열심히 세상일에 관
여해야만 하는가? 출세와 행복 다음에는 편안함만 있는 것일까?
그러다 노후의 쓸쓸함, 또 그 다음은 죽음이 아니던가! 이 세상
에 영원한 것은 아무것도 없지 않는가…….
'그렇다면 나는 왜 이 길을 지속해야 하는가?' 하는 자기부정은
육신의 안위만 걱정하고, 출세와 행복을 고민하던 내 삶을 송두
리째 흔들어놓는 계기가 된다. 오직 출세와 행복을 위해, '청춘은

영원하리라!' 외치며 앞만 보고 달려왔던 삶이 나의 전부였다는 사실에 먹먹한 허전함만이 전해진다.

그렇다! 정신수양은 현실에서 한 걸음 물러나 인생을 관조할 수 있는 분기점으로, 물욕과 명예욕을 잠깐 접어두고, 마음을 순수하게 만들면서 마음을 내려놓는 동기를 만들 수 있다. 하지만 자기부정은 온화하고 수동적이면 별로다. 가장 강렬하고 적극적인 각성을 요구하지 않으면 자기부정은 별스런 의미가 없다.

왜 강한 자기부정이라야 되는가? 그 이유는 우리가 익히 알고 있듯이 나의 몸, 육신은 곧 일상으로 되돌아오기 때문이다. 바로 행동으로 옮기지 않으면 제풀에 스스로 지쳐버린다. 그러나 강력한 자기부정은 염세주의자가 아닌 또 다른 삶의 혁명가로서, 자신의 영혼에서뿐만 아니라 세상 속에서 신성神性을 볼 수 있도록 스스로를 부정하고 강력하게 추진력을 가진다.

석가의 제자 바칼리가 중병에 걸려 제자 일행들과 행동을 같이 못하고 외진 질그릇장이 집에 머물러 앓고 있었다. 간호하는 스님을 불러 말하기를 "도반이여, 부디 부처님께 내 존경하는 마음과 간절한 내 소원을 전해주시고 한번 뵙기를 간청해주세요."

도반의 말을 전해들은 석가는 잠자코 그에게로 갔다. 그리고 바칼리에게 여러 가지 병세에 대해 물었다. 그리고는 이렇게 또 물었다.

"바칼리야, 어떤 후회와 원통한 일이 있는가?" 그러자 바칼리
가 대답하였다.

"저는 부처님을 뵈옵기 위해 오랫동안 부처님에게 나아가려고
생각했습니다. 그러나 제 몸에는 그만한 힘조차 없어서 부처
님께 나아갈 수 없었습니다." 이 말을 들은 석가는 바칼리에게
이렇게 말하였다.

"바칼리여, 이 썩을 몸을 보아 무엇 하겠는가? 법法을 본 사람
은 나를 보는 사람이다. 나를 보는 사람은 법을 보는 사람이다.
왜냐하면 법을 봄으로 말미암아 나를 보고, 또 나를 봄으로써
말미암아 법을 보기 때문이다.

바칼리야, 너는 물체가 영원히 사라지지 않는, 항상恒常 머무
는 것이라 생각하는가? 그렇지 않으면 언젠가는 사라지는 것,
항상됨이 없다고 생각하는가?"

"부처님이시여, 물체는 언젠가는 사라지는 것, 항상됨이 없나
이다."

"감각과 상상과 생각과 인식은 항상 있는 것이라 생각하는가,
항상됨이 없다고 생각하는가?"

"항상됨이 없나이다."

"바칼리야, 항상됨이 없는 것은 괴롬이다. 괴롬인 것은 실재가
없다. 또 항상됨이 없는 것은 '이것은 나', '이것은 내 것', '이것

은 나의 나라는 것'이 없다. 이렇게 확실히 알지 않으면 안 된
다. 바칼리야, 이렇게 봄으로 말미암아 내 제자들은 물체와 감
각과 상상과 인식을 싫어해서 욕심을 떠나 해탈하고, 해탈해
서 해탈했다는 지혜가 생기는 것이다. 그래서 삶은 다했다. 닦
을 것은 닦았다. 할일은 다해 마쳤다. 지금부터 다른 삶은 없다
고 아는 것이다."

_『증일아함경』

우리가 살아가는 현실의 세계, 현상계는 상대적 세계다. 득得이
있으면 실失이 있고, 낙樂이 있으면 고苦가 따르고, 삶이 있으면
죽음이 언제나 같이한다. 언제나 상대적이다. 육신도 마찬가지로
태어난 것은 언젠가 사라져야 할 운명이다.
따라서 육신의 몸이 부처가 아니라 마음의 법신이 부처라는 것
을 가르치고 있다.

회개悔改란 죄스런 생활태도에서 탈피하여 그 잘못을 고치고 되
풀이하지 않으려고 힘을 쓰는 것을 말한다. 하지만 다르게 말하면
몸뚱이가 '나'가 아니라는 것을 아는 것이 곧 회개다. 몸은 죽더라
도 영혼 속의 법신은 죽지 않고 영원하다고 믿는 것이 회개다.
우리는 몸뚱이의 일을 부정해야 한다. 모든 것을 몸뚱이만을 위
해 일하다가 죽어 그만두게 된다면 정말 서운하고 허무한 일일

거다. 이처럼 개체인 우리의 삶은 자신만을 위함이 아닌 전체인 주체를 위해서 살아야 한다. 지구가 자전을 하면서도 태양을 향해 공전을 하는 것과 같다. 개인의 사생활이 전혀 없을 수 없으나, 개인의 사생활은 법신의 공생활에 필요한 정도로 하여야 한다.

석가가 제자들에게 이르기를 "나는 도道를 구하기 시작하여 지금까지 마음과 싸워서 헤아릴 수 없는 시간을 거듭하여 왔다. 그동안에 삿된 마음을 따르지 않고 애쓰고 힘써서 마침내 바른 깨달음을 얻은 것이다. 비구들이여, 그 마음을 단정히 가지라. 너희들의 마음은 오랫동안 더러운 가운데 있었으니 이제는 스스로 거기서 빠져나와 모든 고통에서 벗어나라. 생사의 법은 밖을 보아도 고苦요, 안을 보아도 고苦다.

_ 『반니원경(열반경)』

🧘 고통과 행복

고타마는 29세에 가족과 재산을 뒤로하고 한밤중에 왕궁을 빠져 나왔다. 그는 고통에서 벗어나는 길을 찾으며 집 없는 방랑자로 인도 북부를 구석구석 떠돌았다. 그는 아쉬람(힌두교의 수행처)들을 방문해 구루들의 발치에 앉아 있었지만 아무도 그를 완전히 해방시켜주지 못했다. 무언가 모를 모종의 불만이 항상 남아 있었다.

그러나 그는 좌절하지 않았다. 완전한 해방의 길을 찾을 때까지 스스로의 힘으로 번뇌를 연구하기로 결심했다. 그는 6년에 걸쳐 인간 번뇌의 핵심과 원인과 치유법에 대해 명상을 했고, 마침내 그 번뇌의 원인은 불운이나 사회적 불공정, 신의 변덕에 있는 것이 아님을 깨달았다. 고통의 원인인 번뇌는 사람의 마음이 행동하는 패턴에서 일어나는 것이었다.

고타마는 다음과 같이 통찰했다. 마음은 무엇을 경험하든 대개 집착으로 반응하고, 집착은 항상 불만을 낳는다. 마음은 뭔가 불쾌한 것을 겪으면 그것을 제거하려고 집착하고, 뭔가 즐거운 것을 경험하면 그 즐거움을 소유함으로써 지속하고 배가하려고 집착한다. 그러므로 마음은 늘 불만스럽고 평안에 들지 못한다.

이 사실은 우리가 고통 같은 불쾌한 경험을 마주할 때 매우 분명해진다. 고통이 지속되는 한 우리는 불만스럽고 고통을 피하기 위해 할 수 있는 무엇이든 한다. 하지만 우리는 즐거운 일을 경험해도 결코 만족하지 못하고, 즐거움이 사라질까 봐 두려워하거나 더 커지기를 희망한다.

위대한 신들은 우리에게 비를 내려 풍요를 보장할 수 있고, 사회

제도는 정의와 좋은 의료복지를 제공할 수 있으며, 우연히 맞은 로또복권의 행운은 우리를 백만장자(?)로 만들 수 있다. 하지만 잠깐의 쾌감과 즐거움은 있을지언정, 이 가운데 어느 것도 우리의 기본적 정신패턴을 바꾸진 못한다. 위대한 왕이나 재벌일지라도 슬픔과 번민으로부터 끊임없이 달아나며 더 큰 영원한 즐거움을 뒤쫓는 번뇌의 운명 속에 살아간다.

이것은 어제 오늘의 일이 아니다. 2천5백 년 전 석가모니 부처는 쾌감을 추구하는 것이 바로 인간 고통의 근원이라고 가르쳤다. 그런 감각들은 순간적으로 일어났다가 사라지는 무의미한 동요일 뿐이라는 것이다. 쾌감을 느껴도 우리는 만족하기는커녕 더 많이 갈구한다. 그러니 행복하거나 흥분된 감각은 아무리 많이 경험해도 결코 만족하지 못할 것이다.

만일 내가 찰나적 쾌감을 행복으로 여기고 점점 더 많은 쾌감을 갈구한다면, 쉬지 않고 그런 감각을 뒤쫓는 것 외에는 달리 방법이 없다. 마침내 쾌감을 느낀다 해도 그 감각은 순식간에 사라지고, 과거의 쾌감을 떠올리는 것만으로는 만족할 수 없기 때문에 처음부터 다시 시작해야 한다. 이런 식으로 수십 년을 계속해도 만족은 지속되지 않는다. 쾌감을 갈구하면 할수록 점점 더 많은 스트레스와 불만을 느낄 것이다. 그러니 진정한 행복을 얻으려면 쾌락을 빠르게 뒤쫓을 것이 아니라 놓아줄 필요가 있다.

행복에 대한 이런 불교적 시각은 현대과학자들의 생화학적 시각과 공통점이 많다. 쾌락은 생겨나자마자 사라지고, 쾌감을 갈구할 뿐 실제로 경험하지 못하는 한 불만상태가 계속된다는 데 양측은 동의한다. 하지만 문제에 대한 해법은 양측이 제각기 다르다. 생화학적 해법은 한순간도 쾌감이 멈추지 않도록 끊임없이 쾌감을 제공하는 제품과 치료법을 개발하는 것이다.

허나 부처의 가르침은 쾌감에 대한 갈구 자체를 줄여 쾌감이 우리를 통제하지 못하게 하라는 것이다. 부처의 말씀에 따르면, 우리는 마음수련을 통해 감각들이 끊임없이 일어났다 사라지는 것을 주의 깊게 관찰할 수 있다. 마음속에서 일어나는 감각이 덧없고 무의미한 동요에 불과하다는 것을 알아차릴 때 우리는 그런 감각에 더 이상 끌려 다니지 않게 된다.

집착하지 말고, 있는 그대로를 보라!

동서고금의 현실은 언제나 똑같다. 항상 부족하고 모자라며 불만족스럽다. 오랜 명상수련을 통해 고타마는 이런 악순환에서 벗어나는 방법이 있다는 사실을 발견했다. 만일 즐거운 일이나 불쾌한 일을 경험했을 때, 마음이 사물을 있는 그대로 이해할 수 있다면 거기에는 고통이 없다는 사실이다.

당신이 슬픔을 경험하되 그것이 사라지기를 원하는 집착을 품지 않는다면 당신은 계속 슬픔을 느끼겠지만, 그로부터 고통을 당하지는 않는다. 실제로 슬픔 속에 풍요로움이 있을 수 있다. 당신이 기쁨을 느끼되 그것이 더 유지되며 더 커지기를 집착하지 않는다면 당신은 마음의 평화를 잃지 않고 계속 기쁨을 느낄 수 있다.

하지만 어떻게 하면 모든 것을 집착 없이 실체를 있는 그대로 받아들일 수 있을까? 고타마는 집착 없이 실체를 있는 그대로 느끼도록 훈련하는 일련의 명상기법을 개발했다. 이 방법은 우리 마음이 "지금과 다른 경험을 하고 싶은가?"라기보다 "지금 나는 무엇을 경험하고 있는가?" 혹은 "지금 나는 무엇을 보고 있는가?"라는 질문에 온 관심을 쏟도록 훈련시켰다. 하지만 이 같은 마음의 상태에 도달하는 것이 쉽지 않지만, 그렇다고 전혀 불가능한 일도 아니다.

고타마는 이런 명상기법을 일련의 윤리적 규칙을 위해 구축했는데 그 규칙들은 우리가 집착이나 환상에 빠지지 않으면서 실제 경험에 초점을 맞추기 쉽도록 하는 데 목적이 있었다. 그는 추종자들에게 살생, 음행, 도둑질을 피하라고 했는데 이런 행동은 반드시 집착(권력과 부, 그리고 성(sex)에 대한)의 불을 지피기 때문이었다.

불이 완전히 꺼지면 집착은 완벽한 만족과 평온의 상태와 자리를 바꾸게 되는데 이것이 바로 열반Nirvana이다.(열반은 문자 그대로 '불끄기'란 뜻이다) 열반에 이른 사람은 모든 고통에서 해방된다. 이들은 실제를 극도로 분명하게 경험하며 환상이나 망상에서도 자유로워진다. 이들도 분명 불쾌함이나 고통에 맞닥뜨릴테지만, 그런 경험은 이제 아무런 정신적 고통을 일으키지 않는다. 집착이 없는 사람은 고통받지 않는다.

불교 전통에 따르면 고타마는 그 자신이 열반에 들었으며 고통으로부터 완전한 자유를 얻었다. 그래서 그는 '부처'로 알려졌다. '깨달은 자'라는 뜻이다. 부처는 모든 사람이 고통을 벗어날 수 있게 하기 위해서 여생을 다른 사람들에게 자신의 발견을 전하는 데 바쳤다. 그는 자신의 가르침을 한 가지 법칙으로 요약했다. 번뇌는 집착에서 일어난다는 것, 번뇌에서 완전히 벗어나는 유일한 방법은 집착에서 완전히 벗어나는 데 있다는 것, 집착에서 완전히 벗어나는 유일한 방법은 실체를 있는 그대로 경험하도록 마음을 훈련시키는 데 있다는 것이다.

법(法, 다르마)으로 알려진 이 법칙은 불교도에게 보편적 자연법칙으로 이해되고 있다. 고통이 집착에서 생긴다는 것은 언제 어디서나 진리다. 현대물리학에서 E가 늘 mc^2와 같은 것과 마찬가지다. 불교도는 이 법칙을 믿고 모든 행동의 지주로 삼는 사람들이다.

한편 신에 대한 믿음은 이들에게 그리 중요하지 않다. 일신론적 종교의 제일 원리가 "신은 존재한다. 그분은 나에게 무엇을 원하시는가?"인 반면, 불교의 제일 원리는 "번뇌는 존재한다. 나는 거기서 어떻게 벗어날 수 있는가?"이다.

교教와 선禪

인류의 문명은 논리의 발달이 주도했다. 특히 헤겔의 변증법적 논리는 현대과학을 이끄는 중심논리가 되었다. 따라서 서구의 철학자들은 논리를 중시하며 학설을 과학적으로 증명하려고 한다. 수학이 논리의 중심이 될 때 비로소 그 이론은 과학이 된다. 수학적으로 설명할 수 없는 논리는 개인적 주장이며 비과학적으로 분류된다.

정치, 사회, 경제, 문화, 종교 등 모든 분야에서 논리를 중심으로 전개되는 것이 오늘의 추세다. 특히 서구학자들이 불교를 보는 관점 역시 논리를 앞세운 교학이라 결론 내린다. 더구나 불교도들이 내세우는 선禪마저도 논리로써 설명하려고 한다. 그렇지만 우리는 그들의 논리를 따를 수는 없다. 선이란 무엇이며, 발생한 연유와 또 어떤 방식이어야 하는지에 대해 중시하지 않을 수 없다.

"……선禪은 중국의 당대 조성된 것으로, 이전의 문자로서 갖춰진 일체의 경전과 언어로 이루어진 교학불교를 부정하는 데서 생겨난 중국불교의 효시다. 따라서 문자로가 아닌 문자를 초월한 그 이면의 세계를 불립문자不立文字로 인간의 마음을 바로 볼 수 있다는(直指人心) …… 선禪은 문자로 쓰인 모든 경전을 부정하는 일종의 반불교 운동이라고 말할 수 있는 것이다.
선은 불교라고 말하기보다는 중국인의 어떤 시적 영감(poetic inspiration)이라 해야 옳을 것이다. 선은 그 근본이 아나키스틱(무정부주의적)한 것이요, 따라서 『금강경』도 선禪의 입장에서 보면 부정되어야 할 교학불교의 대표적인 경전 중의 하나다."
_ 김도올의 『금강경』에서 일부 발췌

선의 역사는 그렇다 치고, 일반적으로 생각하는 선禪이란 과연 무엇을 말하고 어떤 방식으로 행하는 것인가? 혹자는 선을 현학적이고 고답적인 공안의 선문답, 그 수준에 가야만이 서로 통하고 깨칠 수 있는 그 무엇이라고 말한다. 하지만 그게 다가 아니다. 한마디로 설명한다면 '선이란 집중을 통한 정신통일'이다.

'로댕의 생각하는 사람'이 아닌, '마음을 내려놓음'으로써 비로소 진입할 수 있는 깨달음을 향한 침묵의 정진이다.

방하放下! 마음을 내려놓다. 마음이란 특수한 용어는 모든 불교학의 대변자로서 형이하학에서 형이상학의 세계로, 선수행자의 면모를 드러낸다. 그럼 또 마음이란 도대체 어떤 물건일까? 마음을 심장(heart)이라고 표기하면 형이하학이 되지만, 1차원의 자아에서 발전된 2차원의 의식, 3차원의 생각의 뿌리인 마음은 4차원의 통칭이다.

'마음은 시작도 없고 끝도 없는 것으로 펼치면 광대무변이요, 줄이면 깨알보다 작아지는 것이며, 마음은 금방 이곳에서 지구를 한 바퀴 돌고 또 우주의 끝자락까지 금방 다녀올 수 있지 않느냐!'며 마음법의 위대함을 무리하게 역설한다. 그러나 그것은 마음의 작용에 대한 비유의 한 방편일 뿐이다. 그것은 선禪의 여정에서 핵심인 '응무소주應無所住 이생기심而生其心(응당 머무름 없이 내는 마음)'이 깨달음의 기조라는 것을 모르기 때문이다.

그렇다면 불교의 선과 서구 명상은 서로 다른가? 정신을 집중하는 태도는 동일하지만, 굳이 설명하면 서구 명상은 자기성찰을 통하여 인간적인 내일의 삶을 준비하는 과정이다. 곧 영혼의 휴식이라는 표현이 어울릴 것이다. 그러나 불교의 선은 생로병사의 물줄기를 거슬러 '나는 것은 필히 멸해야 하는(是生滅法)' 현상계의 조건을 초월하고 해탈을 조건으로 한 깨달음을 향한 길이다. 그것은 '나는 것도 없고 멸하는 것도 없는(不生不滅)' 절대계를 향한 몸부림이다.

비교하자면, 서구 명상이 자아의 의식을 관조하며 성찰하는 자세라면, 불교의 선은 목적과 지향보다는 의식의 자제나 통제로부터 얻어지는 순수의식으로의 회귀다. 얼핏 보면 그게 그것 같지만 의식의 관조와 의식의 통제는 그 결과물이 전혀 다르다.

따라서 불교는 의식을 통제하는 방법에 대해 교학으로 이론과 수행의 기법들을 자세히 나열하고 있다. 불교 교학敎學의 목적은 우리가 갖고 있는 확고부동하고 영원한 실재인 현상계의 실체가 유한한 것으로 허구임을 설파하는 일이다.

따라서 나(我相)라는 개념도 근거 없는 비논리적임을 증명하고 그 개념을 무너뜨리는 역할을 하게 된다. 그리고 이러한 사실은 현상에 대한 집착으로부터 생겨나는 현실의 고통, 번뇌의 해독제로서 작용할 수가 있는 것이다. 하지만 석가 부처께서는 수많은 설법을 했음에도 불구하고 "나는 한마디의 말도 하지 않았다!"며 오직 한 길, 선으로 귀결하고 있다.

깨달음

불전佛典의 수많은 법어法語들은 수행자에게 어둠의 질곡에서 탈출하는 훌륭한 비기秘記를 제공한다. 특히 깨달음에 관한 묘사는 구도의 갈증에 목마른 후학들에게 청량한 희소식이 아닐 수 없다. 그러면 도대체 깨달음이란 무엇인가? 어떤 현상을 도통道通이며 득도得道라 말할 수 있을까? 6신통(천안통, 신족통, 천이통, 타심통, 숙명통과 누진통)을 얻는 것일까? 아니면 『법화경』에서 말하는 3명三明신통, 과거와 미래를 알고 업장소멸을 하는 법력을 말하는 것일까?

인류 역사상 황제의 자리에는 언제나 선왕의 후광이 있었다. 그러나 선왕은 비범한 인물이었기에 당연히 리드가 될 수 있었던 것이다. 다 같은 평범한 서민들 중에서 특별한 능력과 재능이 없었다면 과연 그가 제왕이 될 수 있었을까? 원시사회의 제정일치 祭政一致, 신에게 바치는 제사와 정치를 함께 아우르는 의미는 제왕이 가지는 초능력과 신통을 상징적으로 말하는 것이다. 왕과 제사장의 권위는 신神과 대화할 수 있는 영적인 능력으로, 그것은 명상을 통해서 얻어지는 법력인 것이다.

과학의 등장으로 원시사회의 정신세계를 샤머니즘shamanism으로 벽안시했던 시절이 있었다. 그러나 오늘날 현대과학은 오직 눈에 보이는 현상만이 과학이라는 패턴에서 점차 벗어나기 시작했다. 첨단 과학기기의 발달로 우주지도를 만들고 먼 곳의 은하계들과 눈에 보이지 않는 미립자들에 이르기까지 모든 게 연구대상에 포함되었다. 더구나 인체의 두뇌활동에 관한 심도 깊은 연구는 한동안 부정적이었던 명상의 효력에 대해 새로운 시각으로 정신계를 이해하게 된다.

서구의 심리 관계 학자들은 사회성에 문제가 있는 이들과 또 다른 심리치료가 필요한 환자들에게 명상을 통하여 긴장과 이완, 긍정적 사고를 배양함으로써 치료효과를 높일 수 있음을 밝히고 있다. 그럼에도 아직까지 불교에서 주장하는 해탈이며 깨달음으로 해석되는 동양의 신비주의에 대해서는 비과학적인 소견을 피력하고 있음이 아쉽다.

그럼 깨달음의 법력이란 초자연적인 기적이나 신통을 의미하는 가? 성경은 예수의 기적사례를 성령의 힘으로 소개하고 있다. 다섯 개의 빵과 두 마리의 생선으로 5천의 군중을 먹인 오병이어, 예수의 옷자락을 만지기만 해도 문둥병이 완치되는 신비한 사건, 그리고 마귀를 물리쳐 질병을 고친 사례들! 요샛말로 만병통치의 시술을 포함하고 있다.

그러나 불가佛家에서는 5신통을 '네모난 막대기로 둥근 구멍을 막는 쓸데기 없는 행위'라 규정하고 금기시한다. 그러나 유일하게 6신통의 마지막 누진통만은 인정하는 것을 보면 결론적으로 깨달음은 신통을 포함하고 있다는 것이다. 만병통치는 물론이고, 영적인 장애와 환란에서 일어설 수 있는 기적을 같이 포함하고 있음이다.

"이곳에 오는 모든 이들에게 평화를!"

깨달음이란 무엇인가?

조사祖師들의 오도송悟道頌은 후학들의 가슴을 용솟음치게 한다. 현암스님은 돌멩이가 대나무에 '탁' 부딪치는 순간 깨달음을 얻었다 한다. 그래서 '현암격죽'이라 한다. 유정대사는 새벽에 수탉

이 홰를 치는 소리에 대각大覺을 챙겼다 하니, 돈오頓悟의 그 순간은 과히 환상적이다.

그럼 깨달음은 어느 날 갑자기 우리 앞에 느닷없이 나타나는 것일까? 깜깜하던 이 마음이 뇌성번개가 내려치듯 일순간 엄청난 광명이 쏟아지는 것인가? 도대체 깨달음이란 어떤 형식으로 표출되는 걸까? 열반한 성철스님은 몽중일여夢中一如가 깨달음이라고 제시하였다. 또 조사어록祖師語錄에는 달마가 서쪽에서 온 뜻을 묻는 '조사서래의祖師西來意'와 뜰 앞의 잣나무, 곧 '정전백수좌庭前栢樹者'라는 선문답만이 깨달음의 증표가 된다고 서술하고 있다.

이처럼 깨달음의 증표는 말할 수 있어도 그것이 어떻게 이루어지는가에 대한 과정은 언급이 없다. 우리가 요구하는 것은 어쩌면 깨달음의 과정인지도 모른다. 수행이란 깨달음의 여정을 탐구하는 것이다. 그렇다면 그러한 깨달음은 일순간에 다가오는 것인가, 아니면 점차로 서서히 작은 깨달음에서 큰 깨달음으로 확대 재생산되는 것인가?

성철스님 사후死後, 돈오논쟁(돈점논쟁)으로 매스컴을 뜨겁게 장식했던 그때를 생생히 기억할 것이다. 불교의 교리를 포괄적으로 설명할 때 격물치지格物致知의 반대개념인 돈오頓悟를 설명한다. 불경은 사물의 물리를 하나씩 점차적으로 이해하고 습득하는 격물치지가 아니라, 인간의 신령스러운 지혜를 가지고 단번에 대우주의 물리를 터득할 수 있는 깨달음을 말하고 있다. 그러나 돈오가 이러한 포괄적인 개념이 아니라 깨달음의 어떤 시점을 돈오로 낙점하면서 돈오돈수냐, 점오점수냐를 두고 한동안 갑론을박한 웃지 못할 시절을 떠올리게 한다.

불전佛典의 삼학(三學: 계·정·혜)은 지혜의 끝을 깨달음이라고 한다. 결국 깨달음이란 창조주인 '위대한 실체'와 하나로 연결됨을 의미한다. 비유컨대 나무의 뿌리와 가지가 한 몸이듯 깨달음은 객체에서 주체로의 귀의를 말한다. 기독교 입장에서는 어불성설이지만, 불교는 창조주라는 개념이 아닌 자연법칙과 인과와 인연의 논리를 내세운다.

진리眞理는 하늘의 이치로 본래의 성품, 창조의 능력을 간직하고 구사할 수 있는, 기독교의 창조주 하느님과 같은 로고스적인 성품과 일치한다. 하느님이 우리 몸에 내리면 성령이 되듯 그러한 본성本性이 인간의 몸에 내리면 자성自性이 된다.

힌두교의 브라흐만과 아트만의 관계다. 견성見性이란 내 몸 안에 내린 자성을 보는 것으로 아트만을 의미한다. 따라서 브라흐만(본성)의 존재를 어렴풋이 발견할 수 있는 청정심의 능력, 곧 법력으로 회자되기도 한다.

명안종사明眼宗師란 눈 밝은 스승, 청정심淸淨心으로 가득 찬 스승을 말한다. 청정이란 오랜 선禪수행으로 다져진 '백척간두 진일보'한 고급수행자의 맑음이다. 결국 선수행은 모든 생각과 마음을 '내려놓는 것'으로 시작된다. 이것은 해탈에 도달하기 이전에 가져야 할 덕목으로 맑음을 확장하기 위한 필요충분조건이다.
우리는 보통 맑음을 생각할 때, 수심이 깊은데도 불구하고 바닥에 있는 돌과 모래가 훤히 보이는 수정 같은 맑은 물을 연상하게 된다. 그러나 맑음은 외적으로 국한된 투명하거나 깨끗하고 고결한 것뿐만 아니라 내적으로 지닌 맑음의 법력, 우주 창조의 본本 에너지를 의미한다. 오직 그 본래 맑음만이 깨달음을 말할 수 있고 또한 법력을 논할 수 있다.

 맑음은 어떻게 얻어지는가?

수행자들의 먹거리는 채식이 당연하다. 오랫동안의 채식은 생명존중 사상으로 이어져 육신은 물론 영혼까지도 정화시킨다. 육식의 불결함이 사라진 육체는 점차 청빈을 흠모하고 세속적인 욕망까지도 거리를 두게 된다. 선수행도 이와 같다. 떠오르는 생각을 자제하고 정신을 집중하는 자세는 온갖 세속의 번뇌에서 벗어나 차츰 평화로움을 간직하게 된다.

그러나 정신을 집중한다는 건 보통 어려운 일이 아니다. 그럼 어떻게, 무엇을 잡고 집중해야 할까? 국가가 장려하는 명상법이 있으면 좋으련만, 종교에 관련된 프로그램은 국가도 노터치다. 그렇다면 마음을 다스리고 심리도 치료할 수 있는 심리치료식 명상법은 어떨까? 아니면 종교의 기도나 염불은 좀 더 성스럽지 않을까? 그것도 아니면 불교 선수행의 대명사인 간화선(화두법)과 위빠사나(관법)는 어떨까? 그것도 아니면 기수련이나 자기최면은 어떨까? 우리는 이곳에서 집중의 방법론을 제일 먼저 거론할 수밖에 없다.

정신세계로 나아감은 신비와 신통까지는 아니더라도 마음의 평화 정도는 얻을 수 있지 않을까라는 막연한 기대감과 동경심을 갖게 한다. '구하면 얻을 것이요, 두드리면 열릴 것이다'며 종교나 정신계는 신심을 강조한다. '믿음이 너희를 자유롭게 하리라'는 구절은 자기가 소속된 단체만이 유일하고 자기가 하는 수행법이 진리라고 서슴없이 주장하게 된다.
하지만 너무나 주관적이고 추상적이다. 결코 객관적이고 이성적인 판단, 곧 과학적(?)이며 수사관적인 센스가 없으면 그 누구도 진리임을 가름하기가 쉽지 않다. 정신계는 초능력과 신통만 있는 게 아니다. 진리가 아닌 엉뚱한 길을 들면 마귀가 시키면 함정을 파놓고 우리를 유혹하고 있다.

종교나 수행단체에 무조건적이며 맹목적으로 빠진 맹신자, 광신도는 가정은 물론 사회에도 결코 도움이 되지 않는다. 그들은 접신된 무속인과 다름없어, 정신적인 장애와 영적인 문제에 끝없이 시달리면서 가정의 불화와 사회성의 편향으로 점점 인성이 황폐화된다.

예수는 양의 탈을 쓴 이리 같은 거짓 선지자를 조심하라고 가르쳤다. 석가는 참된 법(진리)이 아닌 악마의 설을 삼가라고 가르쳤다.

"내가 떠난 뒤에 어떤 사람이 나는 몸소 여래에게서 듣고 또 여러 장로에게서 듣고 혹은 한사람의 장로에게서 이와 같은 법을 들었다고 말하는 자가 있더라도, 너희들은 그것을 들은 뒤에는 경經에 의지하고 율律에 의지하고 법法에 의지하여 그 것이 거짓인지 참인지 생각하여 그것의 본本과 말末을 연구하여야 한다.

만일 그가 설한 것이 경에도 율에도 법에도 의지한 것이 아니면 그것은 악마의 설인 것이다. 너희들은 또 바로 여래의 가르친 말로써 이것을 밝히고 그 사람으로 하여금 경을 듣게 하고 율을 받게 하는 것이 좋을 것이다. 그가 만일 경과 율을 따르지 않거든 너희들은 이것을 쫓아내지 않으면 아니 된다. 왜냐하면 악독한 풀은 뽑아버리지 않으면 좋은 싹이 상처를 입는 까닭이다."

_『불반열반경』

방법론이 중요한 것은 불문가지다. 진리로 향한 길은 '모로 가도 서울만 가면 되는 길'이 아닌 오직 한 길, 맑음을 얻을 수 있는 하나의 유일한 길뿐이기 때문이다. 필자가 불교신도가 아니면서도 불경을 인용하는 첫 번째 이유가 '구하지 말고 의지하지 말고 상相을 짓지 말라'는 조사들의 사자후가 맑음의 전제조건이기 때문이다. 50여 년간의 수행 중 거의 20여 년을 기수련에 매진하다가 온갖 풍상(빙의령과 십여 년을 영양실조로 지내다)을 겪은 뒤라 수행이란 염력念力과 법력法力의 대결장임을 뼈저리게 잘 알고 있다.

염력念力이란 인간의식의 발로에서 시작되는 생각 에너지의 파장이다. 초자연적이긴 하지만 언제나 한계가 있고, 그 끝은 영적인 에너지와 연결되어 있다. 이와는 반대로 수행자들이 추구하는 깨달음은 본래 맑음의 에너지인 법력이다. 이들은 위대한 실체, 대자연만이 누릴 수 있는 우주 창조의 에너지인 것이다. 그러므로 선수행이란 두뇌의 의식이 배제된 정신통일이라야 가능하다.

대부분의 불교신도들은 기도와 염불, 그리고 3천배, 삼보일배, 그곳에 부처의 가피가 있고 달마의 은덕이 있다고 주장하지만 천만에 말씀, 그곳에는 맹신만 있을 따름이다. '응무소주應無所住 이생기심而生基心', 응당 머무르지 않는 마음, 배부른 사자가 얼룩말 보듯이 의식의 자제와 통제에서 나오는 무심無心만이 맑음을 약속할 수 있다.

그럼 어떻게 맑음이 만들어지는가? 정신을 집중한다는 것이 그렇게 만만치는 않다. 생각의 너울에서 빠져나온다는 것은 최소한의 방편이 필요하다. 이때 등장하는 것이 『안반수의경』의 수식관 호흡이다. 숫자와 호흡을 마음의 눈으로 짐작하면서 정신을 집중한다.
'하나- 하면서 숨을 들이쉬고, 하나- 하면서 숨을 내쉰다.
둘- 하면서 숨을 들이쉬고, 둘- 하면서 숨을 내쉰다.
셋- 하면서……,
열까지 세고 다시 돌아와서
하나- 하면서 숨을 들이쉬고, 하나- 하면서 숨을 내쉰다.
숫자를 열하나, 열둘을 세지 않는 까닭은 마지막에는,
종국에는 숫자까지도 놓는 무심이 목적이다.

정진이 거듭될수록 수식관의 정신통일은 첫 단계의 맑음을 만들어내면서 육신 속에 잔재된 지난 생의 업장을 제거하기 시작한다. 첫 단계의 맑음은 어느 한 생의 업장을 녹이면서 두 번째 단계의 맑음으로 올라서며, 두 번째의 맑음은 또 그 다음 어느 생의 업장을 녹이면서 더욱 맑아진다. 결국 마지막 업장의 제거가 비로소 최후의 맑음으로 거듭나면서 깨달음의 가시권으로 진입하게 되는 것이다.

불교의 윤회설에 의하면 우리의 전생은 한두 번이 아니었을 것이다. 지구의 60억 년 역사 가운데 2만 년 전 털 없는 유인원으로 등장하기까지 얼마나 많은 삶을 살아왔겠는가? 단세포에서 출발하여 고생대의 삼엽충으로, 해양동물에서 육지동물로, 그리고 인간의식을 가진 몸으로 수없이 윤회를 반복했다면 당연히 무수한 전생의 기록물들이 현재의 나를 지탱하고 있을 것이다.

맑음의 첫 번째 조건은 지난 생의 빚, 업장(카르마)의 소멸이다. 업장이란 현실의 금전적 부채와 마찬가지로 빚을 갚지 않으면 자유로울 수 없다. 나만의 개성, 취향, 그리고 가족병력 등도 어쩌면 모두 지난 생의 빚일 수 있다. 남보다 뛰어난 두뇌를 가졌어도 세간의 출세와는 거리가 먼 경우도 있고, 또 화를 잘 참지 못하는 성격이며, 술을 좋아해서 생기는 간질환 등도 유전적이기보다 모두가 자신의 카르마일 수 있다는 얘기다.

업장의 소멸방법은?

죄란 무엇인가? 그것은 불교에서 말하는 업(karma)이다. 죄는 뭐고 업은 무엇인가? 그것은 바로 인간의 행위인 것이다. 행위란 본시 유형이 없고 무형의 것이다. '도둑질'은 그 순간만 면하면 형체도 없이 사라진다. '거짓질'도 그렇고 '간음질'도 그렇고 모든 '질'이 그러한 것이다. 그런데 그것들은 양심에 거리끼든 아니든 우리의 마음속에 죄로, 업으로 쌓이게 된다. 그래서 우리는 괴로워하고 신음하고 고해苦海의 바다를 헤엄쳐야 하는 것이다.

팔만사천 경經으로 널리 알려진 불전佛典은 윤회설을 기조로 하여 가르침을 전한다. 신업身業·구업口業·의업意業의 업보業報로 윤회하여 태어난 것이 인생살이다. 전생前生에서 행한 신身·구口·의意 업보의 성적으로 이 세상에 나왔으니, 잘살고 못살고는 전생의 업보라고 한다.

『아카식 레코드(The Akashic Records)』는 히브리 신학자들이 '신의 기록을 담은 책'이라고 부른다. 현상계의 본질은 물질 이전에 파동이므로 소리(파동)가 음반 위에 기록되듯이 물질우주 속의 모든 현상과 사건은 시공을 초월하여 고스란히 아카식의 항아리 안에 기록된다고 한다. 아카식은 산스크리트어로 최초의 '원시물질'이라는 뜻으로, 우주심(universal mind)과 같은 의미로 사용된다.

선善은 선으로 이월되고, 악惡은 악으로 다시 전해지는 불교의 윤회 법칙과 그 맥락이 동일하다. 오늘의 언행이 내일을 만들고 어제의 언행과 생각이 오늘을 만든 것이다. 업장(카르마)이란 전생의 기록표인 에너지의 압축 프로그램이다. 마치 항공기의 기록장치(블랙박스)에 모든 비행정보가 기록되어 있듯이 지난 생의 행적이 에너지로 밀봉되고 포개어져 있다. 그것들은 가죽처럼 질기고 돌처럼 단단하게 굳어져 그 어떠한 것으로도 도저히 녹일 수 없는 악성껍질로 둘러싸여 있다.

이렇게 단단하게 무장한 어둠의 용병들은 업장의 이름으로 우리의 육신과 정신을 괴롭히고 있다. 그들은 유전자의 꼬리표를 달고 허약체질과 패배주의로 질병을 일으키고 집안에 우환을 만들며 윤회의 길을 재촉하면서 수행자의 길을 막고 있다.
좋은 환경의 자녀들과 승승장구하는 고관대작들을 바라보면, 비교는커녕 한심하기조차 하다. 그러나 이 모든 것이 내가 뿌린 인과因果의 씨앗이라고 한다. 성서聖書에서도 "뿌린 대로 거두리라!"며 윤회의 실상을 밝히고 있다.

그럼 업장의 에너지를 어떻게 제거할 수 있단 말인가? 흔히들 기도나 염불, 아니면 자비나 보시로 업장을 녹일 수 있다고들 하는데 정녕 헛된 희망일 뿐일까? 결론은 그렇다. 그들의 에너지는 가죽처럼 질기고 돌처럼 단단하게 굳어져 그 어떠한 것으로도 절대 녹일 수 없는 악성껍질로 둘러싸여 있다. 오직 맑음의 법력만이 세세생생의 빚을 녹일 수 있다. 그리고 그 맑음만이 또다시 더 큰 청정을 만들 수 있어 깨달음으로 진입할 수 있게 한다.

 ## 염력念力과 법력法力

현대물리학은 물질의 세포에서 분자, 원자, 전자로 구성된 형성과정에 파장과 파동을 에너지로 인식할 수 있음을 발견했다. 이어서 생각의 뇌파에서 에너지를 감지하는 인공지능 시스템을 연구 개발하여 우리의 생각만으로 작동하는 기기를 만들어 운동장애 환자들과 그 가족들에게 편리를 제공하는 상용화 단계에 들어갔다. 그러나 종교계나 신비주의자들은 오래전부터 우리 인간은 의식의 집중만으로 초자연적인 힘과 연결되며 또 그것을 사용할 수 있다는 것을 주장하곤 했다.

한의학에서는 '1침針, 2구灸, 3약藥, 4푸닥거리'라는 전래처방이

전해진다. 푸닥거리란 무속巫俗행위를 말한다. 침으로도, 약으로
도 치료가 불가능하면 마지막에는 무속의 힘을 빌려야 한다는
것이다. 의학이 발달하지 못한 고대사회에서 무당은 의사이며,
심령술사이며, 철학자이기도 했다. 오늘 날에도 무당의 작두타
기며 차력사의 격파술 등 초능력은 신비라기보다 사람들의 일상
속에 한부분이 되었다.

염력念力은 생각을 통해서 얻어지는 집중의 초자연적 에너지이
다. 기도나 염불念佛도 일념으로 하는 종교적 부분을 제하고 나
면 오로지 정신통일뿐이다. '정신일도 하사불성精神一到 何事不成'
이라 정신을 하나로 모아 집중하면 원하는 것은 무엇이든 가능
하게 만드는 힘을 만들어낸다고 전해진다. 물론 하루아침에 목
표를 만들어내는 것은 아니지만 오랜 시간 집중의 결과물로 가
능성을 무시할 수 없는 게 사실이다.

불전에 수록된 8선정은 마음을 하나의 대상에 전주專主하여 산
란하지 않게 하는 사마타 수행으로 8가지 단계의 선정禪定이 있
다. 여기에는 색계色界의 4선정과 무색계無色界의 4선정이 있다.
색계란 물질계를 말함이고, 무색계란 눈에 보이지 않는 세계를
말한다. 사마타의 8선정이란 8단계의 신통을 말한다. 눈에 보이
는 4단계의 초능력과 눈에 보이지 않는 4단계의 신통이다.

8선정은 도가道家, 요가, 수피(이슬람의 신비주의) 등과 본질적으로 틀리다고 할 수 없는 대대로 전해오던 수행법이다 따라서 이들 역시 나름 초능력을 나타낼 수 있다. 초능력이란 물질의 법칙을 벗어난 이상하고 괴이한 일(?)의 총칭이다. 고로 어떤 형태의 수행기법일지라도 몰입과 정진을 하면 초자연적인 에너지를 만들 수 있다. 그 이유는 집중의 생각이 곧 염력念力을 만들기 때문이다.

부처님 자신도 깨치기 전에는 이 수행법으로 통달하였으나 여기에 만족할 수 없었다. 일반적 초능력이 아닌 또 다른 무언가가 있지 않을까 기대했는지도 모른다. 그래서 결국 두 분의 스승을 버리고 나 홀로 보리수나무 밑으로 갔던 것이다. 그곳에서 무상정등정각을 얻을 수 있었던 비결은 집착을 끊는 것이었다. 집착은 염력을 부르고, 염력은 악마를 부르고, 악마와 염력은 에너지를 공유한다는 사실이다.

상하, 좌우, 중간 어느 곳에서나 집착을 없애라.
세상에 있는 어느 것에라도 집착하면
그것 때문에 반드시 악마가 따라다니게 된다.
그렇기 때문에 수행자는 이것을 바로 알고 명심해서
세상에 있는 어느 것이라도 집착해서는 안 된다.(『숫타니파타』)

하늘의 세계

옛사람들에게 하늘이라면 하나로 들리겠지만, 현대인들에게는
눈에 보이는 푸른 하늘이 있는가 하면 대기권 밖의 하늘도 있고
우주의 끝 하늘도 있다. 그러나 하늘은 하나라는 개념에다 존칭
어인 '님'자를 붙여 하나님 또는 하느님이라 부르며 절대적 하나
를 의미하고 있다.

철학은 논리를 풍족하게 한다. 우리 인간은 전체의 한부분이다.
그 전체는 하느님이다. 그 전체는 유有가 아니라 무無일 것이다.
유有는 부분이 되기 때문이다. 무無가 전체인 것은 허공이 모든
것을 포용하는 것으로 알 수 있다.

  푸르고 푸른 것이 하느님이 아니시며
  까맣고 까만 것이 하느님이 아니시며
  형체도 본질도 없으시고 가장자리도 없으시고
  위아래 사방도 없으시고 텅텅 비어 아니 계시는 곳이 없고
  못 받아드릴 것이 없느니라.
  (蒼蒼非天 玄玄非天 無形質 無端倪 無上下四方 虛虛空空 無不在
  無不容)
  _『삼일신고』 천훈편

불전佛典에서는 눈에 보이지 않는 초자연적 현상의 세계를 하늘의 세계로 지목한다. 그리고 그들을 다시 33단계로 구분하면서 그보다 위없는 무상정등정각(아뇩다라샴막삼보리)만을 깨달음과 연결시키고 있다. 이것은 어느 한순간에 깨달음을 얻을 수 있는 것이 아니라 단계별의 발전과 증폭을 의미한다.

그것은 하늘세계 33층의 맑음을 단계별로 설명하는 듯하다. 불전에 등장하는 보살菩薩의 이름은 각기 맑음의 계제이면서 그 등급의 마구니를 제도할 수 있는 법력의 등급과 동일하다. 밑에서 보면 보살의 등급이요, 위에서 보면 마구니의 등급이다.

이처럼 보살의 이름 역시도 인격체가 아닌 법력의 대명사다. 고급수행자는 이들 각각의 보살들 경지를 체험하면서 청정의 단계를 높여간다. 이 보살들의 이름은 수행계제의 등급이며 청정의 척도이다. 따라서 법력의 가시권이 된다.

불전에는 영적인 세계, 영계靈界의 설명 역시도 세세하다. 보살에 등급이 있듯이 마구니도 등급이 있어 세력이 큰 마구니의 제령은 일반적인 수행등급의 보살로써는 불가능하다. 오로지 마구니의 에너지를 능가할 수 있는 고급 보살의 법력이라야 비로소 제령할 수가 있다. 그래서 수행의 단계를 『원각경』에서는 12보살의 인도력으로 표현하기도 한다.

또 『법구경』에서는 제1의 악마를 눕힐 수 있는 초선初禪의 원력에서 시작하여 제8의 악마를 눕힐 수 있는 '마음의 작용이 모두 끊어진 선정의 경지(想受處)'의 8단계로 표시하면서 천계天界를 8등급으로 대신 설명하고 있다. 이들뿐만 아니라 불전은 천계를 33천이나 66천으로 세분하여 그 표현의 미비성을 다시 보충하기도 한다.

이처럼 에너지의 세계도 모두가 똑같은 차원이 아님을 알 수 있다. 따라서 눈에 보이지 않는 영적靈的인 세계도 저차원과 고차원의 세계가 별도로 있다. 영적인 세계, 초자연적 에너지라고 해서 모두 동일한 것은 아니다. 다시 말해 초자연적 에너지의 세계는 수평적 에너지의 공간이 아니라 수직적 공간으로 그 구분이 각기 나누어진다.

그러나 이곳에서 우리가 논하고 있는 에너지의 등급은 단 두 가지뿐이다. 우리의 생각이 만들어내는 염력念力과 본래부터 있는 법신의 힘, 맑음으로 분류되는 법력法力이다. 이들은 명칭만 같은 에너지라 이름할 뿐이다. 염력이 유한의 에너지이라면 그들과는 차원이 다른 법력은 무한의 에너지, 창조의 에너지로 그들은 생김은 물론 질적으로도 완전히 다르다.

따라서 생각이 만들어내는 염력의 공간이 있는가 하면, 또 다른 차원인 생각이 끊어진 자리 - 맑음의 법력이 존재하는 고차원의 공간이 존재한다. 선禪을 흔히 존재와 비존재의 이원성을 뛰어넘은 자리, 선의 궁극에는 깨달음(悟)도 있어서는 아니 되고, 닦음(修)도 있어서는 아니 된다고 한다.

하지만 논리상 그렇다는 말뿐이다. 깊은 침묵의 정진에는 유위든 무위든 반드시 초자연적 세계와 연결되어 있다. 아상我相이 만들어내는 유위법의 염력은 무속의 에너지와 연결되어 빙의가 되지만, '나를 내려놓은' 무위법은 위대한 실체와 하나가 되는 법력이 된다.

그런 연유로 맑음의 법력만이 지난 생의 업장, 『아카식 레코드(The Akashic Records)』의 에너지군(카르마)을 하나씩 녹일 수 있다. 그리고 그 맑음은 점차 증폭 확대되어 최후의 카르마를 녹임과 동시에 마침내 깨달음과 연결되는 것이다. 그러면 어떻게 하면 일반적 초능력이 아닌 맑음의 법력을 얻을 수 있을까? 우리는 이곳에서 또다시 가장 중요한 수행의 방법론과 마주치게 된다.

신참 선수행자 마조馬祖가 좌선을 많이 익히는 것을 알고 스승인 남악 회양선사가 어느 날 벽돌을 가지고 왔다. 암자 앞에서 빡빡 소리를 내며 갈고 있으니, 시끄러움을 견디지 못한 마조가 물었다.

"벽돌을 갈아서 무엇을 만들려고 합니까?"

선사가 말씀하셨다.

"갈아서 거울을 만들려고 한다."

"벽돌을 갈아서 어떻게 거울이 됩니까?"

"벽돌을 갈아서 이미 거울이 되지 않는 것을 안다면
좌선함에 어찌 성불成佛함을 얻겠는가?"

수행방법론의 대두는 어제 오늘의 일이 아니다. 선禪수행을 열심히 하느냐, 안 하느냐가 중요한 것이 아니라 선수행을 어떻게, 어떤 방식으로 하느냐가 중요하다. '모로 가도 서울만 가면 된다'는 속담과 달리 부처가 되는 길은 단 한 길, 일승법뿐임을 『법화경』은 밝히고 있다.

일승법一乘法이란 무엇인가? "부처께서 하시는 말씀은 허망함이 없나니, 다른 법은 없고 오직 일불승만 있느니라." 일불승一佛乘은 부처님이 되는 오직 하나의 가르침을 말한다.

"어느 부잣집 장자는 불이 나서 타들어가 금방이라도 화마에 무너질 가옥에서 뛰노는 애들을 향해 다급한 목소리로 불러본다. '불이야! 애들아 위험하다. 빨리 나오너라!!' 아무리 소리쳐도 놀이에 빠져 불난 줄 모르고 불길 속에 잡혀 있으니, 다른 방법으로 꾀를 낸다.

'애들아, 듣거라! 내게는 가지가지 놀기 좋은 장난감에, 보배 수레 있나니 양 수레, 사슴 수레, 큰 소가 끄는 수레 여기 있다'며 자식들을 다그치니, 장난감 준다는 말에 애들이 한걸음에 달려오니 장자의 가슴은 뛸 듯이 기뻐하며 방편의 묘한 기량에 탄복하며 하는 말이, 일승법도 좋지만 이승법으로 내 살덩이보다 귀한 자식을 구했으니 이렇게 좋을 수가!"

어쩌면 위기의 순간(현상계)에는 이승법이 오히려 효과가 있다고 생각할 수 있다. 하지만 이승법이 틀렸다는 것이 아니라, 간접화법은 보살과 아라한은 될 수 있을지언정 부처가 될 수 없음을 『법화경』은 가르치고 있다. 부처가 되기 위해서는 이승법이 아닌 일승법의 법문만이 존재한다는 요지다. 『법화경』의 현대말 풀이는 유위법과 무위법의 견해다.

 유위법과 무위법

중국 선종이 7세기에 이르러 남종과 북종으로 갈라진 것은 중국 선禪 역사상 가장 위급한 상황이었다. 그러나 매우 복잡다단한 이 사건은 선을 진실로 이해하는 데 중요한 일면을 가지고 있다.

5대조 홍인은 그의 법통을 후계자에게 전수할 때가 되자 문하생들에게 선시禪詩 한 수씩을 지어오게 하였다. 물론 선시를 가장 잘 지은 사람이 법통을 전수받을 자격이 있는 것이다. 그의 깨침이 가장 뛰어난 것으로 인정되기 때문이다.

5대조 수제자는 신수였다. 그는 이런 시를 지었다.

> 身是菩提樹　몸은 보리수
> 心如明鏡臺　마음은 깨끗한 거울과 같구나,
> 時時勸拂拭　항상 부지런히 갈고 닦아서
> 勿使惹塵埃　한 올의 먼지도 묻지 않게 하려네.

번뇌망상이 비워진 깨끗한 마음에 정신적인 순수함이 가득 찰 때 비로소 진정한 깨달음이 올 수 있음은 당연할 것이다. 신수는 마음에 거울이라는 대상을 만들어 육체와 오관에 의해 지배당하고 있던 영혼이 현실로부터 해방되어 평정을 얻게 하는 계획을 가르치고 있다.

그러나 뒤집어보면 위의 시구는 유위법의 토대인 의식意識을 동원하여 가상의 거울이라는 대상을 만들고 있다. 따라서 무위법에서 추구하는 의식의 통제와는 정반대의 입장이다. 무위란 인위가 개입되지 않은 위무위爲無爲, 스스로 되는 자연주의를 의미한다. 더구나 '구하지 말고 의지하지 말며 상相을 짓지 말라'는 조사들의 법어는 '의식을 동원하지 말고 마음을 내려놓는' 기준이 된다.

진정한 선禪의 자세는 '집착執着하지 말며 사물을 있는 그대로 보라!'는 것. 의식이 관여하는 주관적이 아닌 객관적 시각을 요구하고 있다. 선정에 한발 더 나아간 지혜는 물질과 마음을 초월한, 주관과 객관이 사라진 공空의 세계이기 때문이다. 그래서 선의 대가들로부터 준엄한 꾸짖음과 함께 거부당한다.

한편 홍인의 절에 있으면서도 아직 계를 받지 못하고 부엌에서 일만 하던, 글도 제대로 배우지 못한 한 도반이 신수의 시가 온전히 깨달음을 얻지 못한 것이라 주장이라도 하듯 훨씬 좋은 시를 적어냈다. 이 훈육 받지 못한 시골뜨기 혜능의 시가 신수의 시보다 뛰어났으며, 그로 인해 혜능은 홍인의 뒤를 이어 6대조가 된다. 여기 그의 시를 소개한다.

菩提木無樹　보리수나무 본래 없고
明鏡亦非臺　깨끗한 거울은 아무데도 없네.
本來無一物　본래 한 물건도 없는데
何處惹塵埃　어느 곳에 때가 끼고 먼지가 일까?

혜능의 '본래 한 물건도 없다'는 대목에서 우리는 굉장한 혼란을 느낀다. 신수의 깨끗한 거울을 부정하는 '본래무일물本來無一物, 본래 한 물건도 없는데'의 의미는 후학들에게 좋은 논제꺼리가 되어 천년 동안 회자되고 있다.

하지만 도대체 무슨 말인가 혼란스럽기만 하다. 간단하게 설명하자면 마음이란 한 물건은 아무리 들여다보고 찾아봐도 어디에도 없다. 분명 존재하나 텅 비어 있지 않는 그 물건에 천변만화하는 의식을 동원하여 대상을 만들면 유위법이 되고, 의식을 통제하는 선수행만이 무위법이 된다는 해명이 아닌가 싶다.

의식

선禪은 언어를 초월한 불립문자로 표방한다. 그리고 다음 단계는 언어가 아닌 '현실적인 나'와 '경험적인 나'가 가지는 의식意識의 존재를 쉬게 하는 실행이다. '나'는 생각하고 고민하고 번뇌한다. '나'라는 아상은 의식의 발로다. 아상, 인상, 중생상, 수자상의 현대적 풀이는 자아에서 의식이 피어나고, 의식에서 생각이 떠오름을 뜻한다.

"마음이 가난한 자는 복이 있나니 천국이 저희 것임이요."
_ 「마태복음」 산상수훈

생각의 끝이 마음이라면 어찌 보면 마음은 생각의 잔류현상이다. 마음이 가난하다는 것은 마음을 비운 상태, '마음을 내려놓는다는 것'을 의미한다. 성경의 구절이나 불경의 법문이나 성인들의 말씀은 동일하다. 곧 의식의 통제를 말하며 나(我相)를 없게 하는 것이 가장 기본이 된다.

그러므로 선수행자는 육신이 가진 식색食色의 동물적 본능인 자발적 욕망과 그것을 즐기려는 쾌락적인 '나'를 단순히 긍정하는 대신에 '나'와 '나로부터 나오는 모든 의식의 작용'을 자신에게서 제거하기 위하여 원대하고도 지난한 작업을 성취하려고 하는 것이다.

의식의 기원

인간은 지구에서 털 없는 원숭이로 20만 년을 살아오면서 지구를 정복한 유일한 존재다. 인간이 주인인 인본주의가 아닌 자연주의 입장에서는 그들은 지구의 무자비한 정복자일 뿐이다. 그럼 인간의 어디에서 그런 능력이 나타났을까? 그 비결은 생각하는 능력인 의식意識에 있다.
그럼 의식이란 무엇일까? 다른 동물들에게는 의식이 없는 것인가? 이에 대해 과학적인 설명이 필요한 것은 어쩌면 당연할지도

60

모른다. 결국 두뇌의 작용과 의식의 흐름에 대한 고찰만이 우리의 이해를 높일 수 있다.

생명의 시작은 물질의 구성과 마찬가지로 원자와 원자의 결합에서 시작된다. 하지만 물질은 의식이 없지만 생명은 의식을 가지고 있다. 왜 그럴까? 의식에 대한 과학적 소견은 세포에서 시작된다. 세포분자가 점점 복잡한 구조를 획득함에 따라 외부 자극에 점점 능률적으로 반응하게 된다. 따라서 복잡성이 점점 증대되면서 경우에 따라 의식과 다르지 않은 신경계통에 도달하기도 한다고 전문가들은 주장한다.

그러나 인간 의식에 대한 전통적인 개념은 '물질은 물질에서 생겨날 수밖에 없듯이 의식은 의식적인 것에서부터 생길 수밖에 없다'는 주장이 우선이다. 이는 플라톤에 이어서 17세기 고전주의 철학자들이 똑같이 주장한 견해다. 그 중 데카르트는 "오직 원인 안에 있는 것만이 결과 안에 있을 수 있다"라고 말했다.

마찬가지로 불교에서도 의식이 무생물에서는 결코 생겨날 수 없다고 말한다. '현재 의식의 순간'은 '과거 의식의 순간'에 의해 가동된 것으로서 나아가 '미래 의식의 순간'을 가동시킨다. 현상세계에 진정한 시간적 시초가 없는 것처럼 의식 역시 시초가 없다.

이와 같은 이유로 우리는 수태의 순간에 그 새로운 존재에 생명을 불어넣은 의식의 불꽃이 비록 매우 원시적인 것이라 할지라도 의식적인 사건만을 원인으로 가질 수 있다고 생각하는 것이다.

그런데 현대과학에서는 상당히 유효하고 주목할 만한 실험과 관찰을 근거로 이를 반박하였다. 프랑스의 물리학자 자크 모노드 Jacques Monod는 자신의 저서 『우연과 필연』에서 "생물은 물질에서 생겼으며 의식은 생물에서 생겼다. 그러므로 물질로부터 생명체가 탄생한 후 종種의 진화를 거쳐 차차 의식과 언어에 이르게 되는 것이다"라며 의식의 근원이 물질의 화학작용에 의하여 시작될 수 있음을 말하고 있다. 이것이 현대과학에서 일반적으로 받아들이고 있는 도식이다.

현대물리학의 불확정성 원리는 전자의 위치와 운동량을 동시에 정확히 규정할 수 없다는 것이다. 물질인 세포를 분할해 나갈 때 분자와 원자는 분명히 입자로서 존재한다. 그러나 물질의 최종 입자인 원자나 미립자는 입자인 동시에 파장임을 현대물리학은 정설로 받아들이고 있다. 이것은 생물과 무생물의 구조 현상인 동일원소가 같을 수 있다는 이론이다.

따라서 의식의 발로가 어디서부터 시작되었다고 말할 수 없는 것은 당연한 일인지도 모른다. 다시 말해 의식의 존재는 성질상 물리적 과학의 탐구 양식에서 벗어난다. '닭이 먼저냐, 계란이 먼저냐?'의 유치한 논쟁과 같아진다. 결국 무언가를 발견할 수 없다는 사실이 그 무언가가 존재하지 않음에 대한 증명은 되지 않는다는 것이 기본적 해답이다.

데카르트의 망언

동물에게 심리현상이 존재한다는 주장은 일반적으로 널리 인정받고 있다. 그것을 부정한 사람은 오직 데카르트뿐이다. 인간에게만 유일하게 두뇌 속에 해마가 있다는 데카르트의 주장은 의식의 존재를 밝히는 듯했지만, 동물에게도 해마가 있다는 사실에 학계의 당황함은 끝이 났다. 오늘날에는 동물심리에 대한 수많은 책들이 나와 있다. 따라서 동물에게도 해마가 있듯이 의식이 존재하는 것은 이제 상식이 되었다.

그러나 원시적인 형태의 생명체나 동물에 관해서라면 자의식이 문제될 수 있다. 왜냐하면 그것은 반성적 의식이 아니기 때문이다. 동물은 현재의 본능적 상황 외에는 자의식이 없다. 과거의 행동에 대한 성찰이나 미래에 대한 두려움이나 결과에 대하여 전혀 자의식을 가지지 않는다는 것이 정설이다.

오직 인간만이 지각의식이 있을 따름이다. 인간은 다른 동물들과는 구별되는 특별한 존재로, 두뇌 크기에 비례하여 지각의식이 매우 발달되어 있다. 어째서일까? 그 해답은 직립보행으로 인하여 발달한 손의 활용도에 있다. 불의 발견과 함께 손으로 연장을 만들면서부터 먹을거리는 풍요해졌다. 잡식성은 풍부한 먹을거리를 제공하고, 특히 육식의 포만감은 결과적으로 두뇌의 크기와 용량을 증폭시켰음을 인류학자들은 밝혀내고 있다.

한편 서양의 다수 신경학자들은 의식이나 정신을 두뇌조직과는 분리된 요소로 간주했다. 그들은 두뇌의 신경세포망 내에서 일어나는 화학적 반응과 전기현상 및 신경세포망의 구조와 기능이 우리가 '생각'이라고 부르는 것을 설명하기에 충분하다는 것이다 19세기 말에는 '생각과 의식'은 신경뇌수체계에 덧붙여진 일종의 미광微光으로, 인간은 물리, 화학, 생물학적인 반응의 총체로서 의식은 이러한 과정들의 반영이며, 우리는 그 과정에서 아무런 영향을 미치지 못한다고 보았다.

그 이후 현대과학과 신경생리학은 훨씬 더 명확하게 발전되어 신경생리학적 메커니즘의 총체로 구성되는 신경세포로서의 인간이라는 생각에까지 도달했다. 정신현상은 다름 아닌 그러한 메커니즘 자체이며 기껏해야 그 총체에 참가할 뿐, 그것에 절대적인 영향을 미치지 못하는 일종의 반영에 불과한 것이라는 주장이 대세였다.

그러나 그 후 과학의 발달은 모든 것이 과학으로 증명될 수 있다는 자신감에서 점차 벗어나면서, 과학의 불완전성을 인정하게 되며 지금까지의 학설을 부정하게 된다.

의식과 염력

의식은 생각을 만든다. 그리고 생각에는 자아自我의 구성요소인 육체와 영혼이 빠질 수 없다. 고로 생각은 육체만으로 만들어지는 것이 아니라 영육靈肉의 작품이다. 따라서 생각이 만들어내는 염력은 영적인 에너지가 포함됨이 당연하다. 더욱이 인간은 육신을 가진 이상 에고ego와 욕망의 그늘에서 벗어날 수 없다. 그래서 염력의 파장은 욕망에서 뿜어나오는 에너지로 탁기濁氣가 대부분이다.

선禪에서 마음을 내려놓아야 하는 이유가 의식의 통제야말로 깨달음의 세계와 연결된다는 사실에서다. 고급수행자라면 마땅히 지금까지 갖고 있는 애지중지하던 뗏목과 함께 기대던 작은 버팀목까지 당장 내려놓고 무위자연에 순응해야 한다. 나쁜 습관을 버리는 것은 당연한 일이다. 하지만 불우한 이웃이나 말 못하는 동물들에게 느끼는 측은지심은 그대로 간직하면 안 될까?

'내려놓는다는 것'은 육신의 욕망이 아닌 욕망의 근원인 의식意識을 내려놓는 것이다.
한번은 흑씨범지黑氏梵志가 부처님을 찾아뵈었다. 그는 두 손에 뿌리째 뽑힌 활짝 꽃이 핀 오동나무를 한 그루씩 들고 있었다. 흑씨범지는 수행을 통하여 이미 오신통五神通을 갖추고 있었던 것이다.

이를 본 부처님은 말씀하셨다. "놓아라."
흑씨범지는 오른손에 들고 있던 꽃을 땅에 놓았다.
부처님은 또 "놓아라"라고 하셨다.
흑씨범지는 이번에는 왼손에 들고 있던 꽃을 놓았다.
그러나 부처님은 또 "놓아라"라고 하셨다.
어리둥절한 흑씨범지는 부처님께 여쭈었다.
"저는 아무것도 갖고 있지 않사온데 무엇을 또 놓으라 하십니까?"
부처님께서 말씀하셨다.

"선인仙人아, 내가 놓으라고 한 것은 그대의 손에 들려 있는 꽃을 놓으라고 함이 아니다.

그대가 안으로 육근六根을 놓고,

밖으로 육진六塵을 놓으며,

중간에 육식六識을 놓아

가히 놓을 게 없는 데 이르게 되면

그때가 그대가 생사生死에서 벗어나는 때이니라."

 일심과 무심

생각의 사념思念이 염력念力을 만든다면, 무심으로 하는 정신통일은 맑음의 법력을 만들 수 있단 말인가? 마음을 한 곳으로 집중하기 위해서는 일심一心이 먼저다. 눈을 감고 마음을 진정시키며 조용히 호흡을 가다듬어도, 늦은 여름 어지럽게 날아다니는 잠자리처럼 생각이 꼬리를 물고 춤추듯 망상을 만든다. 이럴 때는 어떤 방식이든 집중할 수 있는 방편을 동원하는 게 우선이다. 방편이 필요한 것은 떠오르는 생각을 잠재울 수 있기 때문이다.

조용한 호숫가에 나 홀로 앉아 있는 그림을 그리는 자기최면은 어떨까? 아니면 기도나 염불 같은 믿음의 강풍으로 밀어붙이는 것이 선禪으로 가는 길이 될 수 있진 않을까? 명상의 여러 방법 중에서 마음을 한 곳으로 모으는 일심一心은 정신통일의 근간이다. 하지만 일심하기 위한 방편이 '상相'이 되어 염력의 에너지를 만든다면 그것은 쓸모없는 짓이 될 것이다. 예를 들어 기氣수련가들의 '기의 상相'이나 심리치료식 명상에서 권하는 '자기최면'은 염력과 더불어 강한 집착을 유발한다.

혹자는 무심은 일심에서 진행된다고 주장할 수도 있지만, 방편의 일심은 어느 날 부지불식간에 세뇌洗腦가 되면서 무심으로 착각을 일으키게 된다. 기수련을 하는 이들이나 혹은 다른 특수기법으로 명상을 하는 이들이 한결같이 무심을 말하는 것이 세뇌에 의한 일심을 무심으로 착각하기 때문이다.
첫 단추를 잘못 끼우면 아무리 수정하여도 정상으로 되돌아올 수 없는 것처럼, 일심에서 진행되는 일반적 무심은 세뇌의 결과물일 따름으로 무위無爲와는 정반대의 길이 된다.

왜 방편을 사용하면 안 되는 걸까? 일심의 집착을 왜 경계해야 하는가? '구하거나 의지하거나 상相을 만드는' 일심은 염력의 수순으로 집착과 동일시되어 영계와 동기반응을 일으켜 마구니(빙의령)를 부르기 때문이다. 마구니란 마왕의 수족으로 영적인 장애를 일으키는 악마들로써 귀신의 집단이다.

석가 부처께서 세간의 집착에서 왜 벗어나야 하는지 그 까닭을 수행자들에게 경고하고 있다. 그 이유는 악마가 존재함을 설하고 있는 것이다.

"거룩한 스승이시여!
세간의 향락과 연민을 버리고
집착을 끊어 괴로움이나 즐거움에 흔들리는 일 없이
거센 흐름을 건너 이미 해탈한 현명한 당신께 원합니다.
당신의 말씀을 듣고자 많은 사람들이
여러 지방에서 모여들었습니다.
당신의 말씀을 듣고 나서야 사람들은
비로소 이곳에서 물러날 것입니다.
당신께서는 진리를 있는 그대로 알고 계십니다."

거룩한 스승은 대답하였다.
"바드라우다여,
상하, 좌우, 중간 어느 곳에서나 집착을 없애라.
세상에 있는 어느 것이라도 집착하면
그것 때문에 반드시 악마가 따라다니게 된다.
그렇기 때문에 수행자는 이것을 바로 알고 명심해서
세상에 있는 어느 것이라도 집착해서는 안 된다."(『숫타니파타』)

안반수의경

부처께서 옛날 쿠루스(拘樓瘦)의 수도 캄마싯 담마(劍磨瑟曇)에 계실 때 수행자들이 마음을 어떻게 관찰해야 하는지를 다음과 같이 설법하셨다.

"마음으로 이 몸을 관觀하되 숨을 길게 들이쉬고
내쉴 때는 그 길다는 것을 알고
짧게 들이쉬고 내쉴 때는 그 짧다는 것을 알아라.
이 몸이 어디 갈 때에는 가는 줄 알고
머물 때는 머무는 줄을 알며
앉았을 때는 앉았음을 알고
누웠을 때는 누웠다는 상태를 바로 보아
생각이 그 몸의 행동 밖으로 흩어지지 않도록 하라.

또 즐거움을 누릴 때는 즐거운 줄을 알고
괴로움을 느낄 때는 괴로움을 알며
괴롭지도 즐겁지도 않을 때는 또한 그런 줄을 알아야 한다."

불경 『안반수의경安般守意經』에는 호흡을 통하여 삼매에 도달할 수 있는 수식관數息觀 호흡을 자세히 설명하고 있다. 이것은 호흡과 동시에 숫자를 관觀하는 호흡법으로서 부처께서 깨달음을 얻은 수행법이다. 이러한 수행법이 남방불교에서는 '위빠사나 vipassanā'라는 독특한 관법觀法으로 완성되어 전해져 현現 불교의 간화선과 함께 참선의 맥을 유지하고 있다.

『안반수의경』은 부처님이 깨달음을 얻은 호흡법으로 그 핵심은 수식관 호흡이다. 자칫 선가仙家의 수행법으로만 잘못 알려져 있어 불교인들이 소홀하게 여기며, 또 수준 낮은 수행법으로 취급되고 있다. 그러나 천만의 말씀이다. 그 깊이와 효과로는 타 수행법의 추종을 불허한다. 더구나 수식관은 염력과 법력으로 나누어지는 초자연계의 출입처로서 '의식의 활용'과 '의식의 자제'를 가리는 분기점이기도 하다.

정신을 집중한다는 것은 결코 쉬운 일은 아니다. 잡념雜念은 집중의 방해꾼으로서 이를 극복하는 것이 최대의 관건이다. 수식관 호흡은 여름 한낮 고추잠자리의 어지러운 날개 짓처럼, 떠오르는 생각 그 자체를 쫓아내거나 지우는 것이 아니라 부채를 들어 살살 바람을 일으키듯 숫자와 호흡을 그냥 따라가는 것이다. 숫자와 호흡을 지키다보면 또 생각이 꼬리를 물고 또 다른 상념의 세계에 빠지게 된다.

그러면 다시 의식을 돌려서 '하나- 하면서 숨을 마시고, 하나- 하면서 숨을 뱉는다.' 편안하게 기대거나 누워서 하는 와선臥禪으로 아랫배의 불룩과 홀쭉을 숫자와 함께 반복한다. 숫자를 관觀하지 않으면 집중과는 거리가 멀어 불룩과 홀쭉이 매너리즘에 빠지게 된다. 그렇게 해도 생각이 가끔씩 방해를 하지만 어느덧 수식관 호흡은 자연스럽게 자리를 잡는다.

누운 자세의 복식호흡은 하복근의 근육을 발달시킨다. 잠들기 전의 30분과 아침 기상 시 30분의 수식관만으로도 수행자의 대열에 합류하게 된다. 아랫배 호흡은 복부의 기분 좋은 팽만감과 함께 따뜻함이 서서히 나타난다. 집중은 숫자와 호흡만으로 시작하나, 정진의 시간이 지나면 수식관과 함께 몸에 나타나는 현상(묘한 작용)을 동시에 같이 관할 수 있게 된다.

그러나 불전佛典은 '의식의 자제와 통제'를 강조한다. 그럼 수식관 호흡은 의식과 어떤 함수관계일까? 숫자를 헤아린다는 자체가 의식의 활용이 아닌가? 어떻게 해야 의식의 통제가 가능한지 도대체가 오리무중이다. 의식의 활용은 유위법이다. 일반적인 무심無心은 사도邪道의 수행법처럼 접신接神이 될 수 있다는데, 이렇게도 저렇게도 망설이다 세월을 보낸다.

문 : 숫자와 호흡을 관한다는 것은 의식의 활용이 아닌가요?

답 : 의식의 활용은 분명히 인정하지만, 종국에는 호흡은 물론 숫
자까지도 놓는 것을 목표로 한다면 '의식이 있는 것도 아니요,
있지 않는 것도 아니다'의 범주에 들어간다고 말할 수 있다.

문 : 숫자에 앞서 호흡을 놓는다는 의미는?

답 : 아랫배로 숨이 내려가는 복식호흡이 정착되면, 호흡과 숫자
를 동시에 관觀하는 것에서 벗어난다. 이때부터는 숫자의 모음
을 따라가는 것에 중점을 둔다. '하– 에서 들이쉬고, 나– 에서
내쉰다. 두– 에서 들이쉬고, 울– 에서 내쉰다. 세– 에서 들이쉬
고, 엣– 에서 내쉰다.

필자의 경험에 의하면 호흡을 따라가면 단전호흡의 '기氣의 상
相'이 만들어진다. 그 이유는 분명치 않지만 평소 가지고 있는
기수련의 세뇌가 아닌가 싶다. 그래서 복식호흡이 정상적으로
이루어지면 호흡을 놓고 오로지 숫자에만 집중해야 한다. "꽃
붉고 버들 푸르고 물고기 펄쩍 뛴다"는 선찰禪刹의 속담처럼
두뇌는 파생적이고 연상적인 사념을 만들어내는 의식의 공장
이다.

문 : 수식관 호흡을 놓는다는 것은 수행의 척도입니까?

답 : 전혀 그렇지 않다. 수식관은 염력과 법력의 분기점으로 의식

적으로 숫자를 놓는다는 것은 또 다른 유위법이 된다. 특히 지난 세월 다른 수행법으로 정진한 경험이 있는 수행자들은 수식관을 놓치는 순간 옛날 수행법인 유위有爲로 되돌아간다. 정진의 시간이 쌓이면 아주 강한 묘촉이 등장한다. 이러한 강한 묘촉에 취해 스스로 숫자를 따라가지 못할 때 그 순간 놓치는 것이다. 그러다가 또 생각이 떠오르면 다시 숫자를 따라가야 한다. 한마디 덧붙이자면, 수식관이 수행의 방법론 중에 최고의 진리란 생각은 하지 말란 것이다. 모든 것이 방편으로 언젠가는 수식관도 놓아야 하기 때문이다.

무기공

수행자는 자아의 의식을 경계해야 한다. '응당 머무름 없이 내는 마음(應無所住 而生其心)'이 의식의 경계령 1호다. '경험적인 나'는 내가 중심이 되어 아집我執과 법집法執을 만들 뿐이다.

주관적이라는 것은 나라는 의식이 만드는 아상我相으로 객관성이 결여되는 경우가 대부분으로, 어찌 보면 객관과는 정반대의 현상일 수도 있다. 더구나 선禪에서는 주관과 객관을 초월한 무심無心을 목표점으로 하는 탓에 어디까지가 주관이고 객관임을 쉽게 알 수가 없다.

이처럼 의식을 제거하는 작업이 사실상 너무나 어렵고 미묘한 것이어서 초심자는 혼자 힘으로는 불가능하다. 그래서 불전의 말씀이나 앞서가는 선지식의 도움을 찾아 출가를 하고, 찾아다니는 것이다.

무심이 어려운 것은, 떠오르는 생각을 지우는 것도 힘들지만 막상 의식을 쉬게 하면 고요 속에서 만나는 적적寂寂을 공空으로 착각하는 우를 범하게 되기 때문이다. 그러면 자칫 자가당착에 빠져 불전에 있는 모든 수행법이 방편이요 뗏목이라며 무시하고 무조건 공空을 주장하게 된다. 악혜공惡慧空, 단멸공斷滅空, 무기공無記空은 그 병폐가 너무 심각하다.

진리가 공空하다 하여 아무 일도 행하지 않음을 공이라 하고, 공이라는 궤변을 깨달음의 변재로 미화하며, 공이 최고인 줄 알고 공에 집착해서 죄와 복이 둘이 아니라고 계戒를 우습게 아는 나쁜 지혜로 둘러싸인 공이 있다.
다시 말해 악혜공은 공이 최고인 줄 알고 공에 집착해서 악혜惡慧로 취하는 공이다. 즉 좋은 지혜가 아닌 나쁜 지혜이다. 또 단멸공은 아무 생각이 없어서 그냥 맹탕인 무無의 상태다. 그리고 무기공은 혼침무기에 빠져 멍한 상태의 치매와 같은 아무런 의미도 없는 멍청한 공이다.

불가佛家에서는 사법邪法의 수련법도 경계하지만 그보다 더 중한 경계령이 무기공이다. 흔히 좌선을 최고의 가치로 알고, 고요 속에 빠져 평생을 허비하는 무기공의 황당함엔 '벽돌을 갈아 거울을 만들겠다'는 조사의 가르침도 무색해진다.

무기공無記空, 즉 돌이나 나무와 같은 무정물의 공에 빠지지 않기 위해 꼭 필요한 것이 있다. 그것은 '화두의 의증'도 아니요, '긴긴 밀밀한 관법'도 아니다. 도道는 성성적적惺惺寂寂이라 했다. 성성만 있어도 안 되고 적적만 있어도 안 된다.

성성적적이란 밝음이 가득한 현상이다. 긴장이 과한 성성도 아니요, 그렇다고 고요와 이완만이 전부인 적적도 아니다. '구하고 의지하며 상을 짓는 지향성 암시'가 성성이라면, 무기공은 적적이다. 그럼 어떻게 하라는 말인가? 숫자와 호흡을 따라가는 수식관 호흡은 조금은 의식이 관여하지만, 종국에는 숫자조차도 놓는 무심無心이 목표가 된다.

절대 진리에 도달하는 지혜는 '비어 있으면서도 비어 있지 않은 것'으로 아무것도 없는 무無와 전혀 다른 공空이다. 달마조사의 법어에 의하면 그곳에는 '묘한 작용'이 항하수 모래알처럼 가득하다고 전한다.

'남방불교의 위빠사나'는 성성惺惺을 너무 강조하여 긴장의 늪으로 몰아가고, '간화선의 화두'는 수행자의 두뇌를 과부하의 늪으로 유도하며, 덩달아 '의식의 지속적 긴장'은 매너리즘에 빠져 무기공의 적적寂寂으로 변하여 그 폐해가 사뭇 크지 않을 수 없다. 의식의 긴장이 성성을 만들고 의식의 죽음이 적적을 부른다. 도道는 성성적적이다. 성성만 있어도 안 되고 적적만 있어도 아니 된다. 성성적적은 고요 속에 나타나는 묘한 작용(妙用)의 이름이다. 다시 말해 수식관數息觀만이 무기공을 타파하고 달마조사께서 언급한 묘한 작용을 만들어낸다.

종교

종교는 천국(극락)과 지옥을 떠올리는 사후死後의 내세만을 논한다고 생각하기 쉽다. 하지만 불안과 위안이 교차되는 내적 갈등의 구원 혹은 고통의 벗어남, 나아가 해탈이라든가 하는 매우 사적인 문제로 귀결되는 구조상의 성격을 보면 내세론보다는 인간 개인 내면의 요구에 의해 생겨난 것이 아닌가 싶다. 물론 종교의 기능이 사회적 봉사를 토대로 구제와 보시, 기부 등과 같이 대중적 행위와 깊은 관련이 있다는 것 또한 사실이다.

대부분의 종교 교리는 우리 인간사를 화목과 평화로 유도하는 사랑, 자비, 관용으로 일관되어 있다. '가난한 이웃을 내 몸처럼 생각하고, 오른뺨을 때리면 왼뺨을 다시 내 놓으라'는 등 사랑과 자비의 말씀은 우리들의 마음을 풍족하게 한다. 욕심을 버리고, 성냄을 인내하고, 어리석음을 극복하라는 불경의 삼독, 탐진치의 타파는 인간만이 가질 수 있는 사회 정화의 묘약이다. 결론적으로 인류 미래를 위해서도 신앙을 가진다는 건 좋은 일이다.

하지만 신앙을 가진다는 것이 소속된 종교에 구속당함을 의미하는 것은 아니다. 오히려 자유인이 되고자 선택한 신앙이 우리의 의식을 얽매이게 하고, 나아가 전교傳敎를 목적으로 타 종교를 비방한다면 그것은 잘못된 것임에 틀림없다. 더구나 이성적이고 객관적이고 심지어 과학적인 시각조차도 교리에 위배된다고 금기시하고 믿음의 신앙만을 강조한다면 심각하게 고민해볼 필요가 있을 것이다.

현대종교는 모두가 신神을 비롯한 초자연적 실체에 대한 믿음에 초점을 맞추고 있다. 주로 일신교와 다신교에 익숙한 우리들에게는 매우 당연해 보일지 모른다. 하지만 사실은 세계 종교사가 신들의 역사로만 요약되는 것은 아니다.
원시종교인 토테미즘과 애니미즘에서부터 마침내 기원전 500년 전후에 이르면 완전히 새로운 종류의 종교, 신이 개입되지 않는 종교가 아프로 아시아로 퍼져나가기 시작했다. 이들은 종교라기보다 문화이며 이데올로기(사상, 관념)에 가깝다.

인도의 불교와 자이나교, 중국의 도교와 유교, 지중해 분지의 스토아철학, 견유철학, 에피쿠로스주의와 같은 신생종교들의 특징은 신을 섬기지 않는다는 점이다. 이들의 신조에 따르면 세상을 지배하는 초인적 질서는 신의 의지와 변덕이 아니라 자연법칙의 소산이다.

이런 자연법칙 종교들 일부는 여전히 신의 존재를 믿었지만, 그 신들도 인간이나 동식물 못지않게 자연법칙의 지배를 받는 존재라고 보았다. 신들은 코끼리나 호저처럼 생태적 지위만을 차지했으며, 신들도 코끼리와 다름없이 자연법칙을 멋대로 바꿀 수 없었다. 대표적 사례로 불교는 고대 자연법칙 종교에서부터 현대에 이르기까지 그 설득력을 유지하고 있는 유일한 종교다.

종교의 기원과 애니미즘

종교의 시작은 화목과 질서유지, 그리고 내세가 목적이다. 인류가 의식에 대한 진화가 이루어질 무렵 사물에 대한 경외감, 내세에 대한 염원에서 시작된 애니미즘은 사물의 모든 대상에 영靈적인 능력이 있다고 믿는 원시종교다.

라틴어 '아니마(anima, 영혼)'에서 유래한 것으로 영국의 인류학자 E. B. 타일러는 "신성한 존재에 대한 일반적인 믿음"인 애니미즘이 모든 종교의 기원이며 근본원리라고 말한다. 그의 설명에 따르면 원시인들은 죽음의 현상, 꿈, 혼수상태 등에 관한 의문을 해결하기 위해 정령(spir)의 존재를 믿기 시작했고, 죽음 이후에도 활동하는 정령이 숭배의 대상이 되면서 종교가 비롯되었다고 한다.

또한 프로이트는 애니미즘이 원시종교나 원시문명을 해명하는 단서일 뿐만 아니라, 현대의 종교와 문명, 나아가 현대인의 사고를 이해하는 중요한 단서이기도 하다는 사실을 보여주었다는 점에서 중요한 의미를 지니고 있다고 주장한다.

따라서 원시종교는 인간의 규범과 가치는 동물, 식물, 요정, 유령 등 다양한 존재들의 관점과 이익을 고려해야 했다. 예컨대 갠지스 강 유역의 수렵채취인 무리는 유달리 큰 무화과나무 한 그루를 베지 못하게 하는 규칙을 세웠을지도 모른다. 나무의 정령이 노해서 복수하지 않게 하기 위한 조치다. 또 인더스 강 유역에 살았던 다른 수렵채취인 무리는 흰꼬리여우의 사냥을 금지했을지도 모른다. 언젠가 흰꼬리여우가 부족의 현명한 노파에게 귀중한 흑요석(돌칼 재료)이 어디에 있는지를 가르쳐주었기 때문이다.

이런 원시종교는 세계관이 매우 국지적이고 특정 장소나 기후현상이 지닌 독특한 측만을 강조하는 경향이 있다. 하지만 인류의 양적인 확대와 공간 확대는 새로운 패러다임의 종교의 역할이 필요했다. 종교는 광범위한 사회정치적 질서를 정당화할 능력이 있지만, 모든 종교가 그 잠재력을 작동시킨 것은 아니었다.

서로 다른 인간집단들이 사는 광대한 영역을 자신의 가호 아래 묶어두려면, 종교에는 두 가지 속성이 필요했다. 첫째, 어디서나 진리인 보편적이고 초인적인 신의 힘을 강조하며 질서를 설파해야 한다. 둘째, 이 믿음을 모든 사람들에게 전파하라고 강력히 요구해야 한다. 달리 말해 종교의 기획자는 보편적이면서 선교적인 교리를 창출해야만 했다.

우리가 아는 보편적이고 선교적인 종교는 기원전 1,000년경에 와서야 비로소 등장하기 시작했다. 그 후 등장한 기독교나 이슬람교처럼 역사상 잘 알려진 종교 역시 보편적이고 선교적인 것이 무기였다.

그래서 사람들은 모든 종교가 그렇다고 믿는 경향이 있다. 그러나 실상 대부분의 고대 종교는 지역적이고 배타적이었다. 그들은 국지적 신과 영혼을 믿었으며, 인류 전체를 개종시키는 데 관심이 없었던 것은 당연한 일이다.

매우 국지적이고 특정 장소에서 시작된 애니미즘이 점차 늘어난 인류의 양적인 증가와 의식의 성장발달로 인해 애니미즘의 대상이었던 자연적인 조건인 동물, 식물, 요정, 유령 등 다양한 존재들은 더욱 강력한 초인적 힘을 가진 신들로의 탄생을 희망하게 된다. 그러한 연유로 애니미즘의 정령에서 초인적인 능력을 지닌 신들로의 출현으로 변천하는 과정이 일어나면서 다신교多神敎가 만들어진다.

일신교

인류의 3대 종교는 불교, 기독교, 이슬람교이다.(힌두교가 세계 인구의 15%라는 주장도 있다) 이들 중 불교를 제외한 2대 종교는 유일신을 믿는 일신교다. 일신교론 신학은 최고 신 이외의 모든 신의 존재를 부정하며, 감히 그런 잡신들을 믿는 자에게는 지옥불과 유황을 퍼붓는 경향이 있다. 일신론자들은 다신론자에 비해 훨씬 광신적이고 복음전파라는 미명 아래 전도에 헌신한다.

어떤 종교가 다른 신앙의 정당성을 인정한다면 그것은 우주의 최고 권력이 아니든지, 그들이 신神으로부터 우주의 진리를 부분적으로만 전수받았든지 둘 중 하나였다. 일신론자들은 자신들이 단 한 분밖에 없는 신의 메시지를 갖고 있다고 믿었기 때문에, 다른 모든 종교를 도저히 인정할 수 없었다. 지난 2천 년간 일신론자들은 모든 경쟁상대를 폭력으로 말살시킴으로써 자신들의 힘을 강화하려는 노력을 되풀이했다. 타종교를 인정할 수 없는 마음은 지금도 종교의 차별과 의견 충돌과 분열의 근원이 되기도 한다.

기원후 1세기 초반까지는 여러 종류의 종교가 있었지만 오늘날과 같이 주목받는 특별한 종교는 없었다. 더구나 대부분 다신교 풍이지 일신론자는 전혀 없다시피 했다. 그러다가 기원후 500년경이 되자 세계 최대의 제국 중 하나인 로마제국이 기독교 국가가 되었으며, 선교사들은 유럽의 다른 지역과 아시아, 아프리카에 기독교를 전파하느라 바빴다.

기원후 첫 1천 년이 마무리될 무렵에는 유럽, 서아시아, 북아프리카 사람의 일부분이 일신론자였고, 대서양에서 히말라야에 이르는 여러 제국들이 자신들은 위대한 유일신에게 자격을 인정받았다고 주장했다.
16세기 초에 이르자 일신교는 아프로 아시아에서 동아시아와 아프리카 남부를 제외한 대부분의 지역을 지배했으며, 남아프리카, 아메리카, 오세아니아를 행해 긴 촉수를 뻗기 시작했다. 오늘날

동아시아를 제외한 다른 지역 사람들은 대부분 이런저런 유일신을 충실히 믿고 있으며 세계 정치질서 또한 유일신적인 기초 위에 세워져 있다.

서구인들은 2천 년 동안 일신교의 세뇌를 받은 탓에 다신교를 무지하고 유치한 우상숭배로 보게 되었다. 이것은 부당한 고정관념이다. 다신교의 내부논리를 이해하려면 수많은 신들이 존재한다는 믿음을 지탱하는 중심사상을 파악할 필요가 있다.
다신교가 우주 전체를 관장하는 단일한 힘이나 법칙의 존재를 반박하기만 하는 것은 아니다. 사실 대부분의 다신교, 애니미즘 종교는 다른 모든 신들이나 악마, 그리고 신성한 바위의 배후에 있는 최고 권력을 인정했다.

고대 그리스 다신교에서 제우스, 헤라, 아폴론과 그 동료들은 모든 것을 다스리는 전능한 힘, 즉 운명의 여신(모이라, 아낭케)에게 복종했다. 북유럽의 신들 역시 락나뢰크의 격노로 사라질 운명에 얽매여 있었다. 서아프리카 요루바족에서 모든 신은 최고의 신 올로두마레에게서 태어났으며, 그의 부하이며 졸자 신으로 남아 있다.

힌두교 역시 다신교다. 브라흐만이라는 단 하나의 원리(주체)가 무수한 신들과 정령, 인간, 생물학적 세상과 물리적 세상 모두를 통제한다. 주체에서 분리된 아트만은 모든 개인과 영혼, 모든 현상의 정수이기도 하다.

다신교와 이신교二神教

다신교多神教 내에서 애니미즘이 계속 살아남았던 것과 마찬가지로, 일신교 내에서 다신교 역시 살아남았다. 사실 일신교론 신학은 최고신 이외의 모든 신들의 존재를 부정하며, 감히 그런 잡신들을 믿는 자에게는 지옥불과 유황을 퍼붓는 경향이 있다.

　　너희는 내 앞에서 다른 신을 모시지 못한다. (「출애굽기」 20;3)

　　너희는 다른 신을 예배하면 안 된다. 나의 이름은
　　질투하는 야훼, 곧 질투하는 신이다. (「출애굽기」 34;14)

"다른 신을 모시지 못한다"는 것은 그 말을 하는 당신 자신이 다른 신이 있다는 것을 인정하는 것이다. 여호와 하나님 당신의 직접 말에 의하면 여호와 하나님이 유일신이라고 하는 것의 구체적 의미는 많은 신들이 있는데 딴 신들은 섬기지 말고, 나만을 섬기라는 뜻이 된다.

이것은 신구약 성경이 모두 잡신을 존재론적으로 전재한 위에서 성립한 유일신을 말하고 있을 뿐이다. 이처럼 신학 이론과 역사적 실제 사이에는 늘 틈이 있기 마련이었다. 기독교는 성자聖者들로 구성된 나름의 만신전을 발달시켰고, 불교에서도 보살菩薩이라는 여러 종류의 만신전 비슷한 보살행들이 성행한다. 이것은 다신교의 만신전과 거의 다를 바 없다.

예컨대 유피테르 신이 로마를 수호하고 우이칠로포치블리 신이 아즈텍 제국을 지켰듯이, 모든 기독교 왕국에는 수호성인이 있어서 고난을 극복하고 전쟁에서 승리하도록 도와주었다. 영국은 성聖 조지의 수호를 받았고, 스코틀랜드는 성 안드레아의 비호를 받았다. 헝가리는 성 이슈트반, 프랑스는 성 마르탱이 수호했다. 도시와 읍, 전문직, 심지어는 질병에도 자신만의 성인이 있었다. 밀라노는 성 앙브루아즈의, 베네치아는 성 마가의 보살핌을 받았다. 성 엘모는 굴뚝청소부들을 보호했고, 성 마태오는 괴로워하는 세금 징수관들에게 도움을 주었다.
두통이 있다면 성 아가티우스에게 기도해야 하지만, 치통을 앓는다면 성 아폴로니아가 훨씬 더 잘 맞는 기도 대상이 되었다. 한편 불교에서도 질병과 고통에는 약사여래불, 영가천도에는 지장

보살 등 문수보살, 관세음보살, 대세지보살, 아미타불 등 수많은 보살들이 등장한다.

다신교는 일신교一神教만 낳은 것이 아니라 이신교二神教도 낳았다. 이신교는 서로 반대되는 두 힘의 존재를, 즉 선과 악을 믿는다. 일신교와는 달리 이신교에서 악은 독립적인 힘이다. 선한 신에 의해 창조된 것도 그 신에 종속된 것은 아니다. 이신교는 온 세상을 이들 두 힘의 전쟁터로 본다. 세상에서 일어나는 모든 일은 그 싸움의 일부라는 것이다.

이신교는 이른바 악惡의 문제에 간명한 해답을 주기 때문에 매우 매력적인 세계관이다. "세상에는 왜 악이 존재할까? 왜 고통이 존재할까? 왜 착한 사람에게 나쁜 일이 일어날까? 하며 물음을 던져본다. 이 유명한 문제는 인간의 사상에서 가장 근본적 관심사 중 하나다.

일신론자들은 이런 물음에 대답하려면 지적인 곡예를 부려야만 했다. 전지전능하며 완벽하게 선한 하느님이 세상에 그토록 많은 고통을 허락하시는 이유가 도대체 무엇이란 말인가? 널리 알려진 하나의 설명에 따르면 이것은 인간에게 '자유의지'를 허락하는 신의 방식이라고 했다. 악이 없다면 인간은 신과 악 사이에서 선택할 필요가 없으므로 자유의지도 없다는 것이다.

하지만 이것은 직관에 반하는 답으로서, 즉각 수많은 새로운 의문을 낳는다. 자유의지는 인간에게 악을 선택하도록 허락한다. 많은 사람이 실제로 악을 택하면, 일신교의 정통적 설명에 따르면 이런 선택은 반드시 신의 벌을 부른다. 그러나 만일 그 인물이 자유의지로써 악을 선택하고 그 결과로 지옥에서 영원한 고통을 받게 된다는 것을 신이 미리 알았다면 신은 왜 그를 창조했을까? 신학자들은 이런 질문에 답하기 위해 수없이 많은 책을 썼다. 이런 답이 믿을 만하다고 생각하는 사람도 있었고, 그렇지 않다고 보는 사람도 있었다. 아무튼 부인할 수 없는 사실은 일신론자들이 악의 문제에 쩔쩔매고 있다는 것이다.

이신론자들에게는 악을 설명하기가 쉽다. 착한 사람들에게 나쁜 일이 일어나는 것은 세상이 전지전능하고 완벽하게 선한 신에 의해서만 통치되고 있지 않기 때문이다. 세상에는 독립된 악의 힘이 돌아다니고 악의 힘은 나쁜 일을 저지른다.
이신론자의 견해에는 나름의 단점이 있다. 악의 문제를 풀어주기는 하지만 질서의 문제 앞에서 당황하게 된다. 만일 세상을 유일신이 창조했다면 세상이 이토록 질서가 잘 잡히고 모든 것이 동일한 법칙을 따르는 현실이 분명하게 설명이 된다.
그러나 만일 세상에 두 대립되는 힘인 선과 악이 있다면 둘 사이의 싸움을 관장하는 법칙을 정한 존재는 누구인가? 만일 선과 악이 싸운다면 이들이 따르는 공통의 법칙은 무엇이며 그 법칙은 누가 정했을까?

요약하면 일신론은 질서를 설명하지만 악 앞에 쩔쩔맨다. 이신론은 악을 설명하지만 질서 앞에서 당황한다.

이신교는 1천 년 이상 번성했다. 기원전 1,500년경에서 기원전 1,000년 사이의 어느 시기에 조로아스터(자라투스트라)란 이름의 예언자가 중앙아시아 어느 지역에서 활동했다.

유대교와 기독교의 관계처럼 브라만교와 힌두교가 비슷하다. 이러한 브라만교의 또 다른 변신으로 등장한 그의 교리는 세대에서 세대로 전해져 마침내 가장 중요한 이신교인 조로아스터교가 되었다.

그 신봉자들은 세상을 선신善神인 아후라 마즈다와 악신惡神인 앙리마이뉴 사이의 우주적 싸움터로 보았다. 인간은 이 전쟁에서 선신을 도와야만 했다.

불교의 부처와 마왕의 견해와 비슷하다. 부처는 선신의 대표신이며 마왕은 악신의 대표격이다. 하지만 『서유기』에서 언급되듯이 마왕은 언제나 부처의 손바닥 안에 위치한다.

다시 일신교로 돌아가자. 일신교의 물결이 정말로 이신교를 싹

쓸어낸 것은 아니다. 일신교인 유대교, 기독교, 이슬람교는 이신교에서 수많은 신앙과 의례를 흡수했으며 오늘날 우리가 일신교라고 부르는 것의 가장 기본적 사상 일부는 사실 그 기원이나 정신이 이신교적이다.

수없이 많은 기독교인, 무슬림인, 유대교인이 강력한 악의 힘이 존재한다고 믿는다. 기독교인이 악마로 부르는 것이 그런 존재다. 이 존재는 선한 신에 대항해 독자적으로 싸울 수 있고, 신의 허락 없이 파괴를 부를 수 있다.

결론적으로 종교의 시작은 인간의식의 발로다. 종교는 미래에 대한 불안과 눈에 보이지 않는 내세의 염원이다. 무속의 시작점인 애니미즘은 동물, 식물, 요정, 유령 등 다양한 존재들의 영혼을 인정해야 했다. 산신령이나 바다의 용왕을 경애하고, 나무나 바위 등, 동물, 식물, 요정, 유령 등 온갖 위대한(?)의 물체의 정령을 모시는 애니미즘은 정령 대신 만신을 모시는 다신교로 변하였고, 다시 다신교는 선신과 악신의 이신교로 변하였다. 그러다가 오늘날 기독교와 이슬람교의 일신교로 변하였다. 따지고 보면 오늘날 일신교 안에는 이신교와 다신교, 심지어는 애니미즘의 정령이론들이 다 같이 함축되어 있음을 알 수 있다.
〈유발 하라리, 『호모사피엔스』 중에서 일부 발췌함〉

힌두교

인도는 인류 4대 문명 발상지의 한 곳이다. 석가가 태어난 기원전 560년경에도 이미 베다Veda, 범서梵書, 우파니샤드(奧義)를 경전으로 하는 브라만교가 1천 년이나 이어오고 있었다. 개인의 중심생명은 아트만이고, 우주의 중심생명은 브라흐마로 아트만과 브라흐마는 본질상 하나라 생각하였다. 따라서 아트만을 깨달으면 브라흐마를 깨달아 사람이 우주 생명에 참여할 수 있다는 진리의 핵심에 이르고 있다. 그 당시의 사유체계가 오늘의 불교의 본성과 자성自性의 개념과 비슷하다.

이 브라만교 문화를 이룬 것이 아리안족이다. 아리안족은 지금으로부터 3천5백 년 전인 기원전 15세기에서 12세기 사이에 코카서스 북쪽을 원주지로 한 아리안족의 유목민 일부가 힌두쿠시 산맥을 넘어 인도로 들어와서 인더스 강 상류 편잡 지방을 정복하여 독자적인 문화를 이루었던 것이다. 산스크리트어도 그들의 산물이다.

힌두교를 범인도교라 함은, 힌두Hindū는 인더스 강의 산스크리트 명칭 '신두(Sindhu, 大河)'에서 유래한 것으로, 인도와 동일한 어원을 갖기 때문이다. 이러한 관점에서는 기원전 2,500년경의 인더스 문명에까지 소급될 수 있으며, 아리안족의 침입 이후 형성된 브라만교를 포함한다.

그러나 좁은 의미로는 아리안 계통의 브라만교가 인도 토착의 민간신앙과 융합하고, 불교 등의 영향을 받으면서 300년경부터 종파의 형태를 정비하여 현대 인도인의 신앙 형태를 이루고 있는 것으로 본다. 이처럼 오랜 세월에 걸쳐 형성되었기 때문에 특정한 교조와 체계를 갖고 있지 않으며, 다양한 신화·성전聖典 전설·의례·제도·관습을 포함하고 있다.

이러한 다양성을 통일하여 하나의 종교로서의 구체적인 기능을 가능케 하는 것은 카스트 제도이다. 이것의 기원은 브라만교에 규정된 사성(四姓: 브라만·크샤트리아·바이샤·수드라) 제도이지만, 역사적으로 다양하게 변천하여 현대의 카스트 제도에는 종족·직업·종교적인 모든 조건이 복잡하게 얽혀져 인도인의 종교 생활과 사회생활은 밀접한 관계가 있다.
그래서 인도인은 힌두교로 태어난다고 하며, 카스트 제도에는 엄격하지만 신앙에는 상당히 관용적이다.

고대 브라만교와 차이점이 있다면, 브라만교가 『베다』에 근거하여 희생제를 중심으로 하며 신전이나 신상神像 없이 자연신을 숭배하는 데 비해, 힌두교에서는 신전·신상이 예배의 대상이 되고 인격신이 신앙된다는 점이다. 또한 공희供犧를 반대하여 육식이 금지되고 있다.

힌두교의 근본 경전은 『베다』와 『우파니샤드』이며 그 외에도 『브라흐마나』, 『수트라』 등의 문헌이 있으며, 이 모든 것들은 인도의 종교적·사회적 이념의 원천이 되고 있다. 또한 경전에 준하는 것으로 『마하바라타』, 『라마야나』의 2대 서사시가 유명하다. 특히 『마하바라타』의 일부인 『바가바드기타』는 널리 애창되고 있다. 이외에 『푸라나』, 『탄트라』, 『아가마』, 『삼히타』 등이 힌두교 각 파에서 존중되고 있다.

힌두교는 브라만교에서 많은 신관神觀·신화를 계승하고 있기 때문에 다신교 같아 보이지만, 신들의 배후에 유일한 최고신을 설정하고 그 신들을 최고신의 현현顯現으로 통일시키고 있는 점에서 일신교적 형태를 취한다. 『푸라나』 문헌 등에 나타나는 트리무르티(삼신일체三神一體)가 대표적인 예이다.
이는 별도의 기원에 속하는 우주 창조신 브라흐마, 비슈누(유지신), 시바(파괴신)의 세 신을 일체로 하여 최고의 실재원리로 삼는 것이다. 그 중 비슈누와 시바를 숭배하는 사람들이 힌두교의 대 종파를 형성하였다.

비슈누파는 학문적 성격이 강하며, 비교적 사회의 상층부에 속한다. 비슈누는 인간과 동물의 모습으로 지상에 출현하는 것(고대 외계인 연구가들은 외계인의 유전자 조작의 결과라고 주장함)으로 신앙되고, 비슈누의 10권화權化 가운데 라마와 크리슈나는 2대 서사시의 영웅이다. 시바파는 수행자의 고행, 주술, 열광적인 제의祭儀가 특색이다.

힌두교의 특징적인 사상은 윤회輪廻와 업業, 해탈解脫의 길, 도덕적 행위의 중시, 경건한 신앙으로 요약할 수 있다. 윤회와 업 사상은 민간신앙을 차용한 것으로 이미 『우파니샤드』에 나타나며, 『마하바라타』에 이르러 특별히 강조되고 있다.
이러한 사상은 인도인의 도덕관념을 키웠지만, 한편으로는 숙명론을 심어줌으로써 사회발전을 저해하는 한 요인이 되기도 했다. 또한 인간의 사후 운명에 대해서도 깊은 성찰이 있었다. 신들도 업의 속박에서 벗어나는 것은 곤란한 일이었다. 그러한 속박에서 해탈하는 방법으로서 출가 유행遊行의 생활과 고행 또는 요가가 교설되었다.

힌두교 사회에서 도덕관념의 기초는 브라만교의 법전에 규정되어 있는 다르마(법·의무)이다. 바르나슈라마 다르마라고 부르는 4성 계급제도와 4생활기(브라마차리아-학생기·그리하스타-가주기·바나프라스타-은둔기·산야사-유행기)가 중심이 된다.

이는 개인이 속하는 카스트에 따른 의무의 수행을 강조한다. 최고신에 대한 박티(信愛)와 그 은총은 능력·성별·직업·계급 여하에 관계없이 일반 민중의 구제를 위하여 교육된 것이다.

⬛ 불교

부처의 가르침을 법(法, 다르마)이라고 하므로 불교를 불법佛法이라고도 하고, 부처가 되는 길이라는 뜻에서 불도佛道라고 부르기도 한다.

불교의 내용은 교조인 석가모니가 35세에 보리수 아래에서 진리(법, 다르마)를 깨침으로써 불타(佛陀, Buddha: 깨친 사람)가 된 뒤, 80세에 입적할 때까지 거의 반세기 동안 여러 지방을 다니면서 여러 계층의 사람들을 교화할 목적으로 말한 교설이다.

그러나 부처가 탄생한 때인 기원전 5세기부터 현재까지 2,500년 동안 불교는 원시불교·부파불교部派佛教·소승小乘 및 대승불교 등으로 아시아 여러 나라에서 다양하게 발전하여 왔고, 경전도 여러 가지가 새롭게 편찬되어 왔다.

따라서 교리나 의식도 여러 지방의 발전과정에 따라서 판이하게 달라졌으므로 한마디로 '불교는 이것'이라고 묶어 말할 수는 없게 되었다. 이것은 다른 종교에서는 찾아볼 수 없는 불교의 특이한 면이다.

불교의 교조인 석가모니는 브라만(Brahman, 梵神)의 정통교리 사상이 흔들리던 서기전 5세기에 크샤트리아(무사, 왕족 계급) 계층의 가문에서 태어났다.
그가 출생한 시기는 브라만 전통사상에 대한 회의 속에서 새로운 사상을 표출하고자 노력했던 비非브라만적인 신흥사상가들이 많이 출현했던 시기이기도 하다.

브라만 전통교리를 신봉하는 승려들과 구분하여 이들 신흥사상가들은 사문沙門이라고 불렀으며, 불교도 이 같은 비非브라만적 신흥사상에 속한다. 그러나 불교는 전통 브라만사상의 형이상학적·본질론적 경향도, 사문의 회의적·부정적인 경향을 나타낸 신흥사상도 지양하는 입장을 취하였다.

부처가 형이상학적·본질론적 질문에 대하여 대답을 보류하였다는 기록이 초기경전에 보인다. 즉 이 세상은 끝이 있는가 없는가, 시간은 유한인가 무한인가, 내세는 있는 것인가 없는 것인가 등에는 답변을 보류하였다고 한다.

부처는 어떤 전제나 선입관을 근거로 하는 추론을 피하고, 모든 것을 현실의 있는 그대로 보고 아는 입장을 지향하였다.

아트만(atman, 眞我)이나 브라만(梵神) 같은 형이상학적 문제보다는 '인간이 지금 이 자리에 어떻게 존재하고 있는가'라는 실존에 초점을 맞추었다.

그러므로 부처가 깨친 진리는 형이상학의 차원에 있는 것이 아니라 모든 것이 존재하는 구체적 양식, 즉 연기緣起로 설명된다. 이 세계는 신이나 브라만에 의하여 창조된 것이 아니라 서로의 의존관계 속에서 인연에 따라 생멸生滅한다는 것이다.

따라서 인간생활의 실제문제와 부딪쳤을 때 그 문제의 해결에 주력하는 것이 부처의 가르침이고 곧 불교이다. 불교의 교리나 이론은 자연히 인생문제의 해결이라는 실제적 목적이 앞서기 때문에 이론을 위한 이론이나 형이상학적 이론은 배제되었던 것이다.

또 부처는 사람마다 그 사람이 지니고 있는 사회적 조건과 개인적 차이에 따라서 그때그때 가르침의 내용을 달리하는 응병시약적(應病施藥的: 병에 따라 각각 약을 지어 줌) 방법을 사용하였다.

그러므로 모든 사람에게 공통되는 획일적이고 일방적인 길보다는 다양한 길을 택하였다. 불교의 교리가 너무 다양하게 전개되어 때로는 서로 모순되는 것처럼 보이는 까닭도 여기에 있다. 반

면 사람마다 지닌 사회적 조건을 충분히 받아들인다는 점에서
불교의 관용성을 찾아볼 수 있다.

_ [네이버 지식백과] 불교(Buddhism, 佛敎) (한국민족문화대백과, 한국학
중앙연구원)

석가는 기원전 544년에 세상을 떠났다. 돌아간 지 몇 순旬이 안
되어 부처가 생전에 한 말씀을 모으기 위해 이른바 제1결집회
가 왕사성 밖에 있는 칠엽굴에서 열렸다. 대가섭을 상좌로 한 5
백 명의 비구들이 모였다. 부처의 성문의 인연을 가진 5백 명의
제자들이 모여 저마다 기억을 더듬어 부처의 말씀을 기억해 내
어놓았다. 그리하여 불경 첫머리에 으레 '나는 이렇게 들었노라
(如是我聞)'는 말이 있다. "부처께서 이렇게 말씀하셨다"가 아니라
"내가 이렇게 들었다"이다. 잘못된 말이 있다면 그것은 부처가
잘못 말한 것이 아니라 내가 잘못 들은 것이다.

이때 모아진 부처의 법문을 5백 명의 비구들이 모은 것이라 하여
5백결집이라 한다. 이것이 원시경전인 아함경阿含經이다. 아함이
란 뜻은 전한다는 뜻이다. 부처가 떠난 지 1백 년 뒤에 제2결집
모임이 있었고, 떠난 지 330년 뒤에 제3결집이 있었다.

그런데도 '부처가 형이상학적·본질론적 질문에 대하여 대답을

보류하였다는 기록이 초기경전에 보인다'라며 그 당시의 부처의 사상을 논한다는 것은 어불성설이다. 한국민족문화백과 기록자들의 종교 역사관의 편향성을 엿보이는 사례다.

불교유신운동

석가는 자기로 인하여 새로 전파된 깨달음의 가르침인 불교의 앞날에 대하여 말한 적이 있다. 석가모니 부처는 아버지 백정왕(정반)의 장례를 치루고 카필라성 냐그로다 동산에 머물렀다. 그때 석가의 양모이며 이모인 마하파자파티 부인이 집을 떠나 도道를 닦고자 세 번이나 청하는 것을 부처는 받아주지 않았다. 그 뒤 부처가 카필라성을 떠나 바이샬리성에 있는 대림정사에 머물 때 부처의 양모 마하파자파티 부인이 머리를 깎고 누런색 승복을 입고 여러 석가족 부인을 데리고 맨발로 걸어서 부처가 머무는 대림정사에 들어와 강당 앞에 서서 울고 있었다. 아난다가 이런 모습을 보고 가엾은 생각이 나서 스승에게 찾아가 여인들의 출가를 받아들여달라고 간청하였다.

그러나 부처는 "아난다야, 여인들의 출가를 나에게 청해서는 안된다"라고 잘라 말했다. 그러나 아난다는 물러서지 않고 스승에

게 물었다. "부처님이시여, 비록 여인이라도 출가하여 부처님 법
法을 지성으로 닦으면 또한 깨달음을 얻을 수 있지 않겠나이까?"
부처가 대답하기를 "그러하다. 여인도 이 법에 들어와 지성으로
닦으면 깨달음을 얻을 수 있을 것이다." 아난다가 거듭 간청하기
를 "만일 여인도 깨달음을 얻을 수 있사오면, 부처님의 이모이시
며 또한 양모이시니, 그 은덕이 크옵거늘 어찌 허락하여 주시지
않나이까?"

부처가 대답하기를 "집을 떠난 사미니는 청정한 계율을 닦고 세
속의 애착을 떠나야 된다. 그런데 여인은 세속의 애착이 깊으므로
도道에 들어가기가 어렵느니라. 그리고 여인이 출가하면 청정한
정법이 세상에 오래 머물지 못하리라. 그것은 마치 잡초가 무성한
논밭에는 곡식이 자라지 못하는 것과 같으니라. 이제 마하파자파
티 부인을 위하여 여인의 출가를 허락한다면 그들은 마땅히 다음
과 같은 여덟 가지 공경하는 계법을 받아 가져야 할 것이다."

아난다는 부처가 비구니 팔계를 지킬 것을 조건으로 허락한 것
을 마하파자파티 부인에게 알려주고 동의를 얻었다. 이렇게 하
여 불교승단에 처음으로 여인들의 출가가 인정되었다. 그런데도
석가는 여인의 출가로 인하여 정법이 빨리 오염되어 타락하게
될 것을 예견하였다.

"아난다야, 만일 여인이 여래의 교법에 출가하지 않는다면 이 법은 길이 청정하여 바른 법이 천 년 동안 전할 것이다. 그러나 여인이 출가함으로 말미암아 나의 정법은 5백 년밖에 전하지 못하리라. 아난다야, 사람의 집에 여인이 많고 사내가 적으면 도둑이 들기 쉽고, 벼논에 잡초가 무성하고 황달 같은 병이 일어나면 추수를 제대로 하지 못하는 것과 같이 이 교법에 여인이 출가하면 정한 교법은 오래 보존하지 못하게 될 것이다. 아난다야, 그러므로 물을 넘치지 않게 하기 위하여 큰 호수에 둑을 쌓는 것과 같이 비구니에게 여덟 가지 계법을 가지게 하는 것이다."(『증일아함경』)

부처는 불교의 정법이 1천 년은 이어질 것을 여인의 출가를 허락함으로써 5백 년밖에 이어지지 못할 것이라고 하였다. 부처의 말대로 부처가 떠난 5백 년쯤에서는 불교는 아주 정체되어 생명력을 잃다시피 하였다. 이때에 새로운 불성운동이 일어났다. 쉽게 말하면 불교개혁이 일어난 것이다. 이 불교유신운동이 이른바 대승불교이다. 기독교에 개혁운동이 일어나 구교(가톨릭)와 프로테스탄트의 개신교로 나눠진 것과 같다.

불교유신운동이 대승불교라 하니 정통불교를 소승불교, 상좌불교라 하게 되었다. 대승불교는 인도에서 히말라야를 넘어 중국, 한국, 일본에 널리 전파되었다. 20세기에 들어와 중국의 공산화

102

로 한국이 대승불교의 종주국이 되었다. 유교 역시도 한국유교가 유교의 전통을 잇게 되었으니 역사의 아이러니가 아닐 수 없다.

대승불교운동은 기원전 1세기에 시작되었다. 대승불교운동으로 인하여 부처의 염려와는 달리 정법이 1천 년은 이어지게 되었다. 대승불교도 7세기에 들어와서는 밀교에 밀리게 되었다.

밀교는 부처가 가장 경계한 남녀의 교합 속에 무슨 오묘한 진리가 있는 듯 가르치며 남녀의 교합을 종교의식으로 행한다. 밀교는 사실 성력性力 종교지 불교가 아니다. 이 밀교는 티베트와 몽고로 교세가 확장되면서 문란한 성도덕으로 성병이 크게 유행하였다.

그리하여 칭기스칸에 의해 일어난 몽고제국이 멸망하는 한 원인이 되었다. 밀교가 신라 명랑明朗 등에 의하여 우리나라에 전해져 신라, 고려의 망국을 재촉하였다. 조선조가 불교를 배척하고 탄압한 데는 불교의 타락이 더 큰 원인이 되었던 것이다. 유교의 편협함을 나무라기 전에 탄압의 원인 제공을 한 불교 역시도 일말의 책임은 있다.

오늘에 와서 인도의 사상가로 알려졌으며 『반야심경』, 『심우도』 등을 해설한 라즈니쉬의 아쉬람에는 에이즈 성병진단을 받고 들

어와야 한다는 표지가 붙어 있다. 그것은 무엇 때문일까? 아쉬람
에서 수행인들끼리 자유로운 성교가 이루어지고 있다는 광고인
것이다. 그러므로 에이즈에 걸린 사람은 들어오지 말라는 것이
다. 라즈니쉬의 글을 읽으면 곳곳에 성적 결합의 신비경을 강조
하고 있다. 고인이 된 천경자 화백도 라즈니쉬 신봉자였다. 탈퇴
선언 이유를 모 일간지에 기고하면서 "내가 바라던 아쉬람이 아
니었다"고.

여인네는 그렇다 치고, 남정네들도 깨달음을 찾아가다 여인의
유심계곡에 빠져 일생을 허비하는 결과가 된 사례다.(박영효의
'불교정신'에서 일부 발췌)

종교와 수행

원시시대가 자급자족의 시대였다면 중세기는 분업의 시대다. 그
리고 현대는 전문화 시대라고 말할 수 있다. 학문의 변천도 마찬
가지로 특히 신학이 차지하는 비중이 매우 컸다. 고대사회의 정
신적 분야는 물질적, 사회적인 분야를 포함한 모든 것을 신학이
모두 알고 가르치고 질문에 답하였다.

예컨대 닭이 알을 낳는 이유가 무엇인지 그 지역 사제에게 물어
보면 적절한 답이 나오고, 해가 동쪽에서 뜨는 이유 역시도 모두

신학자가 대답할 수 있었다. 하지만 현대는 학문이 분업화되고 전문화되면서 신학의 범주에서도 철학, 과학, 인문학으로 각기 분야별 연구가 활발하다.

종교의 핵심인 신학神學이 신의 계시와 자연철학의 모든 것을 관장하던 시대는 지났다. 현대는 과학과 인문학이 종교를 분석, 비평하고 인류의 나아갈 길을 제시하고 있다. 그렇다고 종교를 부정한다는 의미는 아니다. 종교의 자비와 관용과 사랑은 오늘의 삶을 도덕적으로 이끌고 내일을 책임지는 부분이 있는 것 또한 사실이니까.

그럼 종교와 수행의 차이점은 무엇인가? 일반인과 달리 재물과 권력만을 지향하는 틀에 박힌 세속적 삶보다는 영적인 훈련에 의해 근본적으로 자신의 삶을 바꾸려는 행위인 점에서는 둘 다 동일하다. 특히 물질에 대한 염세주의적 거부, 도덕적인 삶, 존재의 근원과 같은 영적인 영역으로 도피하고자 하는 열망 등도 같다고 볼 수 있다.

종교는 교조적이고 제례적이며 포교에 전념하는 편이다. 하지만 수행인들은 종교적인 면을 함축하면서도 세속적 향락과 물질의 족쇄를 끊고, 나름 자신의 본분을 유지하면서 존재의 근원을 찾아 홀로 절대계로 되돌아가는 여행을 시도하려고 한다. 마치 선승과 행정승, 이판승과 사판승의 차이다.

앞서간 선각자들의 좌표에 의지하며 일상세계의 관습을 의심하고 미지의 목적지를 향해 용감하게 떠나는 것이다. 이러한 모든 여행을 도道라고 부르는 것은 바로 삶의 존재론적 질문이기 때문이다. 그곳은 바로 우리의 존재의 근원으로, 그 길을 가는 동안 우리는 세속적이거나 어떤 물질적 유혹과도 거래하면 안 된다.

이런 여행이 종교와 근본적으로 다른 것은, 종교가 세속적 질서를 굳건히 하려는 반면, 수행은 그런 질서에서 도망치려는 시도이기 때문이다. 기존 종교의 믿음과 관습에 도전하는 것은 구도자들의 가장 중요한 의무 중 하나이다. 선불교의 살불살조殺佛殺祖는 "부처를 만나면 부처를 베고, 조사를 만나면 조사를 베라"고 말한다. 수행의 길을 걷는 동안 제도화된 불교의 경직된 사상과 고정된 법을 만난다면 거기서도 자유로워져야 한다는 뜻이다.

따지고 보면 수행인들의 목표는 종교에게 위협적이며 혁명적이다. 종교는 어떤 면에서는 대개 신자信者들의 영적추구를 견제하거나 도외시한다. 그동안 종교제도들은 평범한 신자들보다도 어떤 것을 기대하는 영적靈的 구도자(수행자)들로부터 많은 도전을 받았다. 가톨릭교회의 권위에 대한 프로테스탄트의 저항에 불을

붙인 사람은 쾌락주의 무신론자들이 아니라 독실하고 금욕적인 수도사 마르틴 루터였다. 루터는 인생의 존재론적 질문에 대한 답을 얻고 싶었고 그래서 가톨릭교회가 제시하는 전례, 의식, 거래에 안주하기를 거부했다.

현대 불교 역시도 제례나 의식이 상용화되어 있지만, 그나마 다행스러운 것은 선禪이란 고귀한 수행처를 놓지 않고 있다. 일신교인 기독교와 이슬람교와는 달리 하느님의 종이 되는 길이 아닌 '무엇에도 걸림이 없는, 걸림에 걸리지 않는 깨달음의 세계', 절대계를 목적지로 삼고 있다는 것이다.

5.

방법론

정진精進이란 올바른 수행의 방향으로 흔들림 없이 매진하는 것을 의미한다. 오로지 깨달음을 향하여 구부림 없이 실천하는 것이다. 그러나 쉼 없는 정진이 중요한 것이 아니라 어떻게 정진하느냐가 관건이다. 첫 단추를 잘못 끼우면 모두가 허물어지듯, 선수행에 앞서 수행의 방법론이 제일 먼저다.

눈을 감고 조용하고 그윽한 상태로 자신을 관조하는 것이라면 불교의 선禪은 일반적 명상법과 다름이 없다. "벽돌을 갈아 거울을 만들 수 없다!" 고로 좌선만으로 도를 이룰 수 없다는 조사祖師의 사자후는 초발심의 선수행자들에게 던지는 무지막지한 핵심 경고다. 결코 좌선만으로 깨달음을 얻을 수 없다면 과연 어떻게, 어떤 방법으로 해야 할까?

과연 무엇을 어떻게 하는 것이 올바른 수행의 길인가 의문이 생긴다. 또 내가 정진하고 있는 가치관이 최선의 것이라는 보장은 어디서 받아야 할 것인가? 종교인가, 철학인가, 아니면 과학인가? 이것도 저것도 아니면 과연 무엇이 정법正法인가?

우리가 부분적으로 알고 부분적으로 예언하나
온전한 것이 올 때에는 부분적으로 하던 것이 폐하리라.
내가 어렸을 때에는
말하는 것이 어린애 같고,
깨닫는 것이 어린아이와 같고,
생각하는 것이 어린이와 같다가,
장성한 사람이 되어서는 어린아이의 일을 버렸노라.
우리가 이제 거울(구리로 된)로 보는 것 같이 희미하나
그때에는 얼굴과 얼굴을 대하여 볼 것이요,
이제는 내가 부분적으로 아나
그때에는 주께서 나를 아신 것 같이
내가 온전히 알리라
_ 「고린도전서」 13장

사도 바울의 고린도전서 13장에서 언급하는 의미는 곧 부분적으로 아는 것에서 전체적으로 아는 것으로 확대되어 갈 때에, 이런 지식의 확대만으로도 훌륭한 깨달음을 얻게 될 것임을 말하고 있다.

선으로 가는 길

선禪은 깨달음으로 가는 길이다. 깨달음이란 과연 무엇인가? 그 것은 진리眞理다. 하늘의 이치를 꿰뚫어보기 위해 수행자는 고독의 세계를 동경한다. 한편 세속의 윤리와 도덕, 그리고 법률 등은 인간이 공존하기 위한 가상假相의 진리다. 그러다 보니 선은 세속적인 것에 벗어나 반사회적인 면이 많이 있다.

이것을 찾아가는 첫 번째 길은 자기부정이다. 우리는 '나'에 대해서는 전혀 의심을 않는다. 그런데 삶이 괴로울 때면 '나'를 의심하게 된다. 이렇게 괴롭고 고통스러운 이 '나'라는 존재는 도대체 뭣인가? 그때서야 '나'를 의심하고 부정하게 된다. 생각이 계기가 되면 자기의식의 출처를 찾아 내면으로 깊숙이 진입한다.

두뇌가 가지고 있는 지식과 견해는 문자로 이루어져 있다. 그러나 불립문자인 선禪을 만나는 순간 모두가 무너지고 만다. 가만히 눈을 감고 정신을 통일하면 어느 날, 이 무너진 자아自我는 신성한 무관심이 되어 초자연계를 경험하면서 육신의 한계를 벗어난다.

현실의 현상계는 상대세계다. 태어난 것은 언젠가 사라지는, 시생멸법是生滅法의 유한적인 상대계에서 선수행자는 나지 않고 죽지 않는(不生不滅) 절대적 존재인 진아眞我, 자성自性을 인식하게 된다.

현대인은 물질의 풍요만큼이나 높은 차원의 행복과 휴머니티를 동경하지만 현실은 전혀 그렇지 못하다. 물질이 모든 것을 판가름하는 세태다. 빈부貧富의 격차는 심해지고, 재산분쟁에는 부모형제 구분 없이 법정에서 자기 소유를 주장한다. 또 종교분쟁으로 세계는 테러의 공포에 휩쓸려 있다. 그리고 여유 없는 메마른 일상은 황혼의 권태로움을 이기지 못한 황혼자살을 방조하고 있다.

하지만 선禪의 효율성은 괄목하다. 수행자들을 남녀노소 구분 없이 양질良質의 인격체로 변화시킨다. 모든 것에서 자유로워지며, 걸림이 없는 그 여유로움에서 행복과 포만감을 만끽할 수 있다. 마음의 평화는 물론 재물도 오고, 명예도 오고, 사랑도 온다. 이 것은 영혼의 맑음이 스스로 만들어내는 자연의 창조다.

한편 진아眞我를 찾기 위하여 선수행자는 일상을 등지고 고독 속으로 들어간다. 육신은 어쩌면 가아假我이며, 내 안에 또 다른 '나'인 진아가 존재함을 어느 날 확연히 인식한다. '있는 것도 아니요, 있지 않는 것도 아닌', 나의 의식이 전혀 관여하지 못하는 신성한 무관심은 초탈적인 순수의식의 상황이 연출된다.

정진의 세월 속에서 마침내 자성自性과의 만남, 견성의 기쁨을 누린다. 그리고 그들은 위대한 실체, 본성本性과 연결되어 있으며 그 뿌리가 나와 하나임을 인식하게 된다. 힌두교의 아트만과 브라흐마의 관계다. 스토아 철학에서도 '인간은 각각 우주적 로고스의 한 부분을 갖고 있다'며 다시 한 번 증명한다.
육신의 한계 속에 있으면서, 수행자들이 그토록 갈구하던 '위대한 실체'의 생생한 모습인 자성의 만남이 견성見性이다. 그로써 '우리는 누구에게나 부처가 될 수 있는 불성이 있음'을 재확인할 수 있다.

다기망양多岐亡羊

불교는 고통과 집착을 내려놓는 마음법을 추구한다. 특히 조사들의 대표 어록인 『지월록指月錄』은 달을 가리키는 손가락이 진리가 아님을 거듭 강조한다. 그러나 일신교인 기독교는 하느님의 구원을 기대하면서 스스로 주主의 종이 되기를 간절히 원한다. 그렇다고 어느 종교를 비평하자는 의미가 아니다.

종교의 발생지역과 특정한 시대에 따라 여러 가지의 수행방법들이 각자의 교리와 함께 전해지고 있다는 설명이다. 국내불교의 대표격인 조계종은 간화선(화두법)을, 남방불교는 위빠사나(관법)를, 타他불교 승단에서는 묵조선을, 또 서구의 명상법은 왓칭을, 동양은 기수련을, 인터넷의 제왕격인 구글에서는 '알아차림'을 역설한다.

이처럼 방법론이 중요한 것은 어제오늘의 일이 아니다. 명상을 하는 것이 중요한 것이 아니라 어떻게 하는 것이 더욱 중요하다. 중국의 제자백가 중 양주의 다기망양多岐亡羊은 수행자들에게 시사하는 바가 크다. 제자백가 가운데 유독 개인주의를 표명한 양주는 '내 몸 안에 터럭 한 개를 가지고 세상을 구할 수 있다 하더라도 나는 터럭 올 하나도 뽑을 수 없다'는 양주묵적(묵자의 겸애사상과 반대)을 낳았다.

어느 날 양주의 이웃집 양羊 한 마리가 달아났다. 그래서 그 집 사람들은 물론 양주의 집 종사자까지 동원되어 양을 찾으러 나서느라고 분주하였다. 이 모습을 본 양주가 물었다.

"양 한 마리를 찾는다면서 왜 그리 많은 사람이 나서느냐."

그러자 하인이 대답하였다.

'예! 양이 달아난 쪽에 갈림길이 많이 있기 때문입니다.'

얼마 후 그들은 모두 지쳐서 돌아왔는데 양은 찾지 못했다고 했다. 갈림길마다 사람들이 찾아 나섰지만 갈림길에 또 갈림길이, 그리고 또 다른 갈림길이 있어서 양이 어디로 달아났는지 전혀 알 수 없었기 때문이라고 했다.

이 말을 들은 양주는 우울해져서 하루 종일 말도 하지 않았다. 제자들이 그 까닭을 물어도 대답조차 없었다. 제자 중 맹손양孟孫陽이 선배인 심도자心都子를 찾아가 앞서 있던 일을 말하고 스승인 양주가 입을 다문 이유를 물었다. 이에 심도자는 이렇게 대답하였다.

"그것은 스승님께서 이렇게 생각했기 때문이라네. 곧 '큰길에 갈림길이 많기 때문에 양을 잃었듯이, 공부하는 사람들은 다방면으로 배우기 때문에 참된 길을 찾기가 결코 쉽지 않을 것이다. 도道란 본래 근본이 하나인데 길을 잘못 들면 그 말단에 와서는 터무니없이 달라지고 말 것이다. 오직 참된 길은 하나의 근본으로 돌아가는 것으로, 배움이란 얻는 것도 잃는 것도 없다'라고 생각하시고는, 현실이 그렇지 못함을 안타까워하면서 입을 다물고 계시는 것 같다네."

다기망양은 목적의 길이 너무 여러 갈래로 나뉘어서 다방면에 걸쳐 정도에 지나치거나 혹은 반대로 지엽적인 것에 얽매이면 근본은 물론 아무 것도 얻을 수 없다는 비유로 쓰이게 되었다.

오늘날에도 선택할 대상이 너무 많아 어느 것을 택할지 곤혹스러운 경우에 이 말과 함께 사용하고, 그 결과 빚어진 엉터리 소견을 불전은 전도몽상顚倒夢想이라고 충고한다.

여러 갈래도 문제지만 무비판적인 태도 역시 오류의 첫 단추가 될 수 있다. 우리들은 자신의 신념이나 본인이 속해 있는 단체의 이념은 언제나 무비판적으로 수용하는 것이 일반 관례다. 특히 종교상의 이론은 제도권의 고유 권한으로 이에 반하는 행동은 용서하지 않는 것이 원칙이다.

 고행

인류사 모든 종교는 선善을 실천하고, 그것을 통하여 악惡을 물리치고 정의와 도덕적으로 성숙한 사회를 도모하고 있다. 그래서 수행인이 갖춰야 할 덕목은 극기克己를 통한 금욕과 고행이 우선이다. 그 중 무지하고 험난한 히말라야의 산등성을 삼보일배로 몇 개월 동안이나 성지순례 하는 티벳 불교인들의 고행 순례는 보는 이들을 숙연하게 만든다.

다신교와 이신교의 교체 시기에 등장한 조로아스터교는 2세기 무렵 페르샤의 국교로 정해지면서 천년을 지배하고 있었다. 정직·바른 사고·정의·겸손·성취·불멸을 대변하는 여섯 명의 최고 천사(아메셔 스펜다)를 내세우며 교리를 전파하는 데 전력했다.

또 불교와 동시대에 중흥했던 자이나교는 영혼은 순수한데도 속된 물질의 업에 속박되어 비참한 상태에 빠졌기 때문에 고행을 통해 본래의 영혼을 되찾아야 한다고 주장했다. 그런 까닭에 자이나교도의 삶은 불살생, 불간음, 무소유는 물론이며 오직 금욕과 고행으로 이루어져야 했다.

자이나교의 이론은 순수영혼(지바)이 핵심이다. 하늘의 이치理致가 인간의 육신에 귀의하면 아트만(自性)이 된다. 모든 생명에는 이 순수영혼인 지바jiva가 실체로서 존재하지만, 이 지바는 업業에 의하여 속박되어 활동을 중지한다고 설명한다.

지바는 불교와 동시대에 흥기한 자이나교의 핵심적인 교리다. 지바 혹은 지바 아트만(命我)은 존재의 순수영혼으로 설정된 것이었다. 자이나교의 창시자 마하비라는 업業을 바로 지바에 달라붙는 일종의 미세한 물질로 간주했다.

이러한 업에 끼인 물질에 의해 순수영혼(지바)은 때가 끼고 계박을 당한다. 따라서 자이나교의 추종자들은 이 업業 물질을 순수영혼으로부터 벗겨내는 고행苦行을 해야 한다. 그런 탓에 그들로

서는 고행이 수행의 전부요 수행 그 자체다. 육신을 학대하는 고
행만이 그들 수행의 가치를 높일 수 있다. 고행을 통해 이 때(塵)
가 제거되면 순수영혼 지바는 순수한 제 모습을 드러내게 되는
데, 이 상태가 곧 해탈이요 열반이라 주장했다.

이는 한마디로 고행지상주의자들의 이론이다. 하지만 부처께서는

수행자들이여,
세속을 떠난 자가 마땅히 피해야 하는 두 가지 극단이 있으니
하나는 삶을 향락에 내맡겨 향락享樂과 욕정欲情을 일삼는 것
이고
또 다른 삶은 고행苦行을 일삼는 것이니,
이 또한 고통스럽고 어리석으며 얼마나 무익한 것이더냐!

『율장·대품』은 이렇게 향락과 고행을 동시에 경계했다.

불교의 대승사상은 일체무아―切無我다. 모든 것이 공空으로 귀
착되는 공 도리에 순수영혼적인 아트만 지바, 자성自性의 등장은
씨도 먹히지 않는 사유임에는 틀림없다. 순수영혼이 실체로서
엄존한다는 생각 자체가 무아론無我論에 완전히 위배되는 것이
다. 그러나 선善의 정진에 일어나는 묘한 작용과 촉감을 설명하
기 위해서는 순수의식(自性)의 등장이 필요했는지도 모른다. 그
렇다면 혹시 마음을 순수영혼이라 말하는 자이나교의 기술방법

을 굳이 피하려는 의도는 아니었을까? 그래서 굳이 마음법으로 기술하지 않았을까 추측할 뿐이다.

시간이 흘러, 5대 홍인대사는 자성自性의 위대성으로 마음법의 가치를 높인다.

> 어찌 자성自性이 본래 청정함을 알았으리까
> 어찌 자성이 본래 나고 죽는 일이 없음을 알았으리까
> 어찌 자성이 구족具足함을 어찌 알았으리까
> 어찌 자성이 본래 흔들림이 없음을 알았으리까
> 어찌 자성이 능히 만법을 냄을 어찌 알았으리까

상대계와 절대계

어느 날 장자가 꿈을 꾼다.

> 지난밤 장주莊周가 꿈을 꾸었다. 꿈에 나비가 되었다. 나비는 훨 훨 날아다녔다. 스스로 기뻐하며 마음이 즐거웠다. 그러나 자 기가 장주인 것은 몰랐다. 문득 깨어보니 틀림없는 장주였다. 나는 모르겠다. 내가 꿈에 나비가 되었는지, 아니면 나비의 꿈 에 내(장주)가 되어 있는지 도무지 알 수가 없다.(『장자』 제물론)

118

장자의 호접몽胡蝶夢은 꿈의 실체를 반전한다. 우리는 꿈속에 있을 때는 꿈이 꿈인지를 알지 못한다. 깨었을 때 비로소 꿈이 꿈이었다는 것을 알게 되는 것이다. 이것은 장자의 지혜로운 말이다. 그런데 꿈이 꿈이라는 것을 알고 있지 못하는 것처럼, 지금의 깨어 있는 현실이 또 하나의 꿈이라는 것을 모를 수도 있다.

장주가 나비의 꿈속에서 자기를 깨달은 것이 자각自覺이다. 장주가 나비를 통해 자각을 하듯 꿈속에서 자신이 누구라고 아는 것 역시 가상의 현실이다. 또 하나의 새로운 깸이 올 적에 비로소 나의 현실이 꿈이었다는 것을 알 수도 있다. 대각大覺이 오면 나의 깨어 있는 현실이 또 하나의 대몽大夢이었다는 것을 깨닫게 된다는 것이다.

오늘날 과학적 정설에 따르면 내가 경험하는 모든 것은 내 뇌에 일어나는 전기활동의 결과이고, 따라서 '실제'세계의 구별이 불가능한 완전한 가상세계를 위조하는 것이 이론상으로 가능하다고 한다. 이것은 마치 장자의 꿈 이야기, 호접몽을 듣고 보는 듯하다.

어떤 뇌腦과학자들은 가까운 미래에 우리가 실제로 그렇게 할 거라고 믿는다. 그런데 만에 하나 지금 현재 당신에게 이미 그런 일이 일어났다면? 당신이 아는 것과 달리 지금은 2218년이고, 당신은 21세기 초의 신나는 원시세계를 흉내 내는 '가상세계' 게임에 푹 빠진 심심한 10대일지도 모른다. 이 시나리오가 가능하다고까지만 인정해도 수학적으로 매우 섬뜩한 결론에 다다르게 된다. 즉 실제세계는 하나뿐인 반면 가상세계의 수는 무한하므로, 당신이 하나밖에 없는 실제세계에 있을 확률은 '0'에 가깝다.

그러나 어떤 획기적인 과학도 이 악명 높은 '다른 마음의 문제'를 아직 극복하지 못했다. 실제세계와 가상세계를 정확히 구분한다는 것은 너무나 비현실적인 일이다. 지금까지 생각해낸 최선의 테스트는 '튜링 테스트'라는 것이다. 이 테스트는 사회적 관습을 통과하는지의 여부를 살펴볼 뿐이다. '튜링 테스트'는 컴퓨터 시대의 아버지 중 한 명인 영국 수학자 앨런 튜링이 1950년대에 발명한 것이다. 그 당시 영국에서는 불법인 동성애자를 분별하는 테스트로 '당신은 이성애자 남성으로 간주할 수 있는가?'를 테스트하는 양식으로, 내가 실제로 누구인지는 중요하지 않고 중요한 것은 오직 다른 사람들이 생각하는 '나'임을 테스트하는 방법이다.

오늘날에는 '감정을 가진 사람'과 '인공지능 컴퓨터'를 구분해서 알려면 컴퓨터, 그리고 사람과 동시에 소통해야 한다. 이때 당신은 어느 쪽이 컴퓨터이고 어느 쪽이 사람인지 모른다는 가정에서이다. 당신은 원하는 질문은 무엇이든 할 수 있고, 상대방과 게임하고 논쟁하고 심지어 장난도 칠 수 있다. 시간도 원하는 만큼 쓸 수 있다. 그런 다음 결정을 내리지 못하거나 실수하면 그 컴퓨터가 튜링 테스트를 통과한 것이고, 그 컴퓨터를 실제로 감정을 지닌 존재처럼 취급해야 한다. 하지만 이것은 실제 입증이 아니다. 단지 사회적, 법적 관습인 감정 테스트를 통과한 가상세계의 인공지능 컴퓨터일 뿐이다.

상대계는 우리의 현실, 현상계를 말한다. 나(自)가 있으면 남(他)이 있다. 고苦가 있으면 낙樂이 있고, 생生하면 반드시 멸滅한다. 태어난 것은 반드시 멸하는 시생멸법은 현상계의 조건이다. 이 현상계는 언젠가 사라져야 할 꿈이요, 허깨비요, 물거품이요, 그림자요, 이슬이요, 번개인 것이라면 현대인들이 즐기는 컴퓨터게임의 가상세계와 다름이 없다.

그러나 절대계는 상대가 없는 유일한 하나이므로 불생불멸, 불구부정, 부증불감의 세계다. 석가 부처의 위대함이 이곳에 있다. 이론상으로만 존재하는 절대계를 몸소 체득하고 깨달음으로서 해탈의 순간을 니르바나로 설하고 있다. 마치 하느님이 내 몸에 내리면 성령이라 부르듯이 영원하고 절대한 니르바나가 내 맘속에 내려온 것을 법(다르마)이라 하고, 선험의 법을 내 마음으로 깊이 체득할 때 그 법을 깨달음이라고 한다.

가섭이여! 세상 사람들은 나(我相)가 있다고 생각하나
불성의 참나(眞我)가 있는 줄은 모른다.
그러기 때문에 이 사람은 없는 나(我相)를
있는 것으로 착각을 하고 있다.
이것이 뒤바뀜(顚倒)의 생각이다.

불성佛性의 나가 있다는 것은 곧 불성의 참나이다.
다시 말해 불성의 나가 참나다.
모든 사람들은 이 불성의 나를 가지고 있다.
이것이 참나(眞我)인 것이다.

덧없는 것을 덧 있는 것(常)으로
덧 있는 것을 덧없는 것으로 생각한다.
사람들은 고통을 즐거움(樂)으로 생각하고
즐거움을 고통으로 생각하고 있다.
거짓 나를 참나로 알고 참나(眞我)를 없는 것으로 생각한다.
더러운 것을 깨끗한 것(淨)으로 생각하고
깨끗한 것을 더러운 것으로 안다.
그대들은 이 뒤바뀜의 생각을 버리지 않으면 안 된다.
그대들은 반드시 힘써서 어떠한 곳에 있을지라도
언제나 니르바나의 영원함(常)과 기쁨(樂)과

참나(我)와 신령함(淨)을 생각하고 공부해야 한다.
_ 『대반열반경』

 박 원장

전화로 수행시간을 문의하였던 외과의사의 내방이다. 훤칠한 키와 이목구비가 뚜렷한 외모에서 우월감이 비쳐지는 박 원장의 첫 대면은 살짝 긴장감이 포함되어 있는 듯하다.
"5년 전 선생님의 저서를 대하고 수행에 대한 기대감에 한껏 부풀어 있었지만, 차일피일 미루다 오늘 비로소 인사드리게 되었음을 죄송함과 아울러 영광스럽게 생각합니다. 결례가 아니시면 몇 가지 질문을 드리고 싶어 팩트를 요약해 왔습니다."
"네, 만나 뵈어서 영광입니다. 구도에 관한 도담道談이라면 본인이 40여 년간 수행하면서 겪은 수없는 실패담과 시행착오가 생생한 산교육이 될 테니 흔쾌히 말씀드릴 수 있습니다"라며 상대가 긴장을 풀도록 유도한다.
이윽고 50대 중반의 노련한 의사의 여유 있는 느린 말씨의 질문 공세가 직선적이며 예리하다.

"본인도 모 수행단체에 가입하여 일 년간 수행에 정진한 경험과 또 동서고금의 여러 수행서적을 탐독하고 그들을 참고하여 몇 년간 홀로 정진한 바가 있습니다. 그런데 선생님의 저서에 의하면 단전호흡, 기수련, 심리치료용 명상기법 등을 모두 부정적으로 말씀하시고 있습니다. 거두절미하고 말씀드리겠습니다. 첫 번째 질문은 선생님이 주관하시는 본회의 수행요결은 무엇인지요?"

"글쎄요, 수행에 관해 허심탄회하게 도담을 나눌 수 있어 좋습니다만 단도직입적으로 수행요결, 즉 방법론을 물어 오시니 조금 당황스럽군요."

"결례가 되었다면 용서를 구합니다. 본인의 성격이 조금은 다혈질이라 궁금한 것은 못 참는 버릇이 있습니다. 혹시 제가 수행의 요결이나 그 방법론을 이해하기가 부족하다고 생각하시는 건 아니신지요. 그렇지 않다면 귀를 열어 경청하도록 하겠습니다."

바짝 다가서는 물음에 설레는 마음이 전달된다. 불전에 이르기를 혜지慧智를 얻은 이들에게만 지혜의 법문이 전달된다고 하는데, 과연 이분이 그 정도 수준이 될까 망설여진다. 그러나 이미 시작된 질문이라 차근차근 혜지를 넓히는 방향으로 도담을 잇는다.

"본회 수행법은 한마디로 정의하자면 무위無爲법입니다. 정신을 집중하는 정신통일은 동일할 수 있지만 그 방법에 들어서면 뚜렷이 구분되죠. 다시 말하면 인위가 개입하지 않는, 우리의 의식이 관여하지 않는 정신통일이죠. 의식을 쉬게 하는 '신성한 무관심', 다시 말하면 의식의 자제 내지 통제를 의미합니다. 곧 의식을 동원하는 기법이 아닌, 있는 그대로 스스로 진행된다고 할까요.

시중에 회자되는 명상의 방법들이 대부분 종교의 지향성 기도나 염불인 묵상이죠. 불교의 서원이나 가톨릭의 지향은 목적을 분명하게 할 수 있는 간절한 기도를 위함이 되죠. 부처나 예수를 칭송하고 그분들의 발자취를 좇는 의례나 예불이 주가 된다고 말할 수 있습니다.

또 다른 한편에서는 전통적 서구 명상수행 또는 동양의 기氣수련의 비법만이 오로지 정신계의 왕도라고 주장하지만 이들 모두가 의식의 활용이 주가 되는 유위법이지요. 유위법이란 우리의 의식을 동원하는 수행기법인 지향형 기도나 염불 혹은 의념수련의 자기최면 등을 총칭하는 말입니다. 의식을 동원하여 '구하거나 의지하거나 상相을 짓는 모든 명상적 행위'는 유위법의 범주 안에 있는 것입니다."

"말씀은 이해할 수 있습니다만 떠오르는 생각을 다잡고 정신을 집중한다는 게 그렇게 쉬운 일은 아니지 않습니까? 선생님께서 독려하는 수식관 호흡 역시 생각을 일으켜야 집중할 수 있다면 그것 역시 의식으로 진행되는 인위가 아닌가요?"

예상한대로 객관적이며 수학적이며 체계적인 질문공세가 쏟아진다.

"네, 수식관 역시 의식을 동원한다는 차원에서는 인위일 수 있습니다. 그러나 종국에는 숫자조차도 놓는다는 목표가 있다면 그 시점부터는 의식의 해방이 되죠. 유위법이란 연속적으로 의식을 동원하는 간화선의 화두와 남방불교의 위빠사나, 그리고 기수련이나 자기최면식 심리치료 명상법이 대표격이죠. 그들은 지속적으로 의증疑症을 독려하고, 한 점에다 의식을 관觀하거나 환상의 그림을 요구하지만, 이와는 대조적으로 수식관은 그나마 어느 시점에 숫자를 놓는다는 목표가 있다는 게 무위법이라 말할 수 있을 것입니다. 덧붙여 숫자를 내려놓을 수 있도록 부지불식간에 일어나는 '묘한 촉감'과 '묘한 작용'이 점차 확대 진행되는 과정은 무위無爲로 진행된다는 증좌가 될 수 있겠지요"

"그 부분에서는 또 다른 유형의 질문이 만들어질 수 있지만 그 문제는 다시 언급하기로 하겠습니다. 솔직하게 고백해서 제일 궁금한 것이 있다면 환자용 치료기술입니다. 개인적으로 외과의사며 과학도로서 신비주의를 동경하고 흠모한다는 것은 조금 모순되는 부분이기도 하지만, 불교의 깨달음보다는 명상의 효율성에 대한 관심이 지대한 것은 부인하지 못하겠습니다. 더구나 불경에 이르기를 탐진치 삼독三毒을 정복하고 계정혜 삼학三學을 경주하면 저절로 지혜와 통찰력이 온다고 하는데, 현대인이 감수하기에는 너무 추상적이며 종교적인 관념이 아닌가요? 이러한 부분에 관해서 이해를 도울 수 있는 말씀은 없으신지요?"

"네, 좋은 질문입니다. 초심자들이 누구나 가질 수 있는 물음이죠. 깨달음에 대한 막연한 기대보다는 구체적인 과정이나 정황증거가 있어야만 청춘을, 아니 인생을 담보할 수 있을 테니 어쩌면 당연한 지적이죠. 그러나 현실은 그렇게 녹녹치 않습니다. 종교의 믿음은 신자들의 정성과 연결되면서 맹목적인 신심을 요구하는 것이 현실이니까요. 그런 탓에 '종교란 독실한 신자들의 은밀한 음모'라는 사회학자들의 비판도 있는 거겠지요. 그러나 무위법은 스스로 자연스럽게 진행되는 것으로 육신과 영혼의 맑음을 시시각각으로 드러내게 되죠. 집중의 시간이 쌓이면 백회의 개혈, 우주의 첫소리인 관음觀音의 등장과 제3의 눈과 뒷머리로 이어지는 터널, 원통터널 등으로 구체적인 정황증거가 묘용의 확신을 선물하게 됩니다.
더구나 이러한 묘용은 육신의 면역체계를 정상으로 되돌리면서 회춘은 물론 난치나 만성병을 넘어 심지어 지난 생의 업장을 녹이는 법력의 기초가 되기도 하죠."

"외람되지만 선생님의 '묘용의 시스템' 역시 자신의 경험적인 결과물이 아닙니까? 불전의 추상적인 말씀이나 같은 의미로 들립니다. 그 수준의 고급수행자자만이 이치를 깨닫고 가치를 공유할 수 있다는 설명은 아무래도……! 저의 물음은 주관적 경험이 아닌 객관적인 정황설명은 불가능하다는 것이 안타까울 따름입니다. 과학적으로 증명할 수 없지만 상식선에서 이해할 수 해답은 정녕 없는 것인가요?"

신랄하게 내던지는 질문에는 뭐라고 딱히 마땅한 대답이 없다. 그렇다고 깨달음의 시간 단축을 내세우는 것도 정답이 아닌 것 같다. 십 년이나 이십 년의 정진 끝에 진리를 알 수 있는 수행이라면 권하지 않지만, 무위의 수행법은 불과 3, 4년 만에 성취할 수 있다는 답변만으로는 명쾌한 반격이 될 수 없다. 그렇다고 현대물리학의 물질의 이중성-입자인 동시에 파동을 가지고 설명하기에는 완성도가 너무 낮다. 논리를 앞세우는 이들을 위해 선禪은 사교입선捨敎入禪이라며 입막음을 하지 않았을까?

"선禪이 어떤 정신적 정화작용으로 얻을 수 있는 주관적 경험일 것이라고 생각하는 것은 어리석음과 오류의 늪에 빠지는 것이겠죠. 선은 불립문자라 문자를 가지고 논할 수 없는, 언어를 초월한 그 무엇이라면 실천이 우선돼야 하지 않을까요? 따라서 선이란 물질과 다른 정신적인 분야의 체득이므로 논리보다는 실행이 우선되어야겠죠."

"그러면 다른 차원의 의문입니다만, 법력은 곧 맑음이며 신통이라고 해석해도 되겠습니까? 그렇다면 과연 명상으로 만병을 치료할 수 있는 신통을 얻을 수는 있습니까? 신통까지는 아니더라도 현대인이 누구나 느끼는 스트레스만이라도 줄일 수 있다면 괄목하다고 말할 수 있을 것입니다. 물론 수행의 목표가 치료가 아니라는 것은 새삼 실감하지만, 그래도 보너스로 챙길 수 있다면 금상첨화가 아니겠습니까.

지난 5년간 나 홀로 수행으로 이루어낸 결과물이 전혀 없는 건 아니지만, 현실에서 부딪치는 스트레스가 줄어들기는커녕 증폭되다 보니 수행의 방법론에 관심을 두지 않을 수가 없습니다. 말씀을 듣고 보니 여러 수행단체들이 주장하는 수행법들이 각기 다른 것이 기법과 방법의 차이 때문이었음을 잘 알게 됐습니다.

저서에 소개된 바로는 선생님께서 주관하는 무위법은 평생을 두고도 불가능한 백회의 개혈을 불과 백 일만에 완성할 수 있으며, 이백 일만에 하늘의 소리인 관음을 득하고, 이어서 단 일이 년 이내에 깨달음의 전초기지인 원통터널을 기대할 수 있다고 주장하셨습니다. 단시일 내에 명상의 효율성을 높이고 수행자로서 자긍심을 진작시킬 수 있다는 말씀이신데, 괜히 듣기 좋으라고 하시는 말씀이 아니셨길 바랍니다."

졸저를 모두 읽으면서 벅찬 감동을 받았다는 얘기는 듣기 좋은 인사치례였을까? 도담道談이라기보단 현실주의자들이 동경하는 명상의 효율성을 타진해본 건 아닌지 묘한 아쉬움이 드는 순간 벌써 박 원장의 백회가 개혈되면서 가동됨이 영안으로 드러난다. 두정의 백회가 동그랗게 열리면서 가동이 서서히 시작되더니 또다시 이마 앞 인당혈도 개혈을 시작하는 듯, 느낌이 전달된다. 제3의 눈(인당혈)은 빛의 근원지며 광원의 시작점이다. 아니, 벌써 불과 어떻게 한 시간의 대화만으로 개혈 조짐이 있는 건가? 지난 생의 과위인가? 아무튼 특별한 인연인가 보다며 잠시 생각에 빠져든다.

"말씀 도중에 죄송합니다만 명상의 효율성보다는 수행의 가치를 존중하는 자세라면 더욱 더 대화가 진솔해질 텐데 조금은 실망스럽습니다. 오늘은 이쯤에서 마치고 싶네요."
천천히 자리에서 몸을 일으킨다.

그 순간 "스승님, 제가 결례를 범한 것 같습니다. 대담 중 가슴에 맺힌 응어리가 풀어지고 몸이 너무 편해지면서 머리에는 박하향이 내려오듯 시원해짐을 느낄 수가 있었습니다. 대단하신 법력의 혜택을 선물 받은 것 같아 몸 둘 바를 모르겠습니다. 스승님과 마주앉아 토론하다 보니 응석받이가 되었나 봅니다. 제가 큰절을 올려도 될까요?"

말릴 틈도 없이 넙죽 일어서서 올리는 큰절 앞에 분위기가 묘해
진다. 큰절이라! 큰절은 충성맹세거나 효도맹세다. 충성맹세는
상호간에 군신의 예를 갖추고, 또 서로 간에 호연지기를 갖출 때
이다. 더구나 효도맹세는 더욱 아닌 것 같다. 그렇다면 임기응변
식 아부맹세(?)인가 그것 참……!

"스승님이 초면이라고 느껴지지 않아 결례를 범한 것 같습니다.
5년 동안 흠모하던 분이라 마음속에 쌓였던 의문들이 폭포수처
럼 쏟아져 내렸습니다. 저도 나름 의료계에서는 중년의 의사로
서 프라이드로 무장되어 있습니다만 스승님 앞에서는 응석받이
가 되는 것만 같습니다."

다시 한 번 찬찬히 박 원장을 살핀다. 영혼의 등급은 최상급이다.
성정性情은 순진함이 묻어나오고 열정은 넘쳐흐른다. 꽤 오랜만
에 만나는 상근기다. 왜 5년 전에 오지 않았을까? 의문이 생긴다.
"5년 전에 뵀으면 더 좋았을 텐데요."
"네, 그 부분이 안타깝습니다. 스승님의 저서에 영혼과 빙의령,
그리고 카르마에 대한 언급은 현실과 좀 동떨어진 문맥이었습니
다. 그래서 혹시 저자가 무속인에 가까운 분이 아닌가 해서 발걸

음을 멈추게 되었습니다. 지금도 그러한 의문이 완전 정리된 것은 아니지만 과학도로서 인정하기에는 아직 괴리가 있는 것은 사실입니다."

"네, 그 부분은 본인 스스로가 찾아야 될 부분인 것 같아 이해시키거나 강요는 하지 않겠습니다"라며 대담을 마칠 준비를 서두른다.

"스승님, 마지막 질문을 드리겠습니다. 유위법의 염력과 무위법의 맑음의 차이를 이해할 수 없습니다. 고견을 내려주세요"

"그건 유위법과 무위법의 견해죠. 의식의 동원은 염력을 만들고, 의식의 통제는 맑음을 증폭시키면서 법력을 만듭니다. 유위와 무위의 차별은 유한과 무한의 대비이죠. 의식을 동원한 고등종교의 기도나 염불은 염원의 염력을 만들 뿐이고, 심리치료용 명상은 자기최면이죠. 물론 일시적으로 마음의 평화를 가질 수 있지만 그들은 한정적일 수밖에 없습니다. 이와는 반대로 '의식의 통제'에서 나오는 맑음은 가진 자의 여유에서 나오듯 초월에서 오는 무한의 평화와 자유이죠."

"외람된 질문인지 모르겠습니다만 수천 년을 내려온 고급종교들의 교리를 부정한다는 말씀이기도 한데 너무 앞서가는 것이 아니신지요?"

"글쎄올시다. 종교와 부딪치는 부분은 본인 역시도 원하지 않습니다만 대중을 위한 교리와 고급수행자를 위한 수행법의 차이라고 해둡시다. '초대받은 자'와 '선택받은 자'의 차이라고 비유하고 싶네요."

"그럼 무위법으로 들어가면 반드시 묘촉과 묘용, 그리고 백회의 개혈과 관음을 만날 수 있는지요? 어리석은 소견인지 모르지만 묘한 촉감은 기운氣運의 느낌이 아닌가요?"

"물론 기운의 느낌이라고도 말할 수 있지만 굳이 표현한다면 맑음의 초보적 느낌이라고 말할 수 있죠."

"그런데 그러한 느낌을 가진다는 것은 의식의 작용이 아닌가요?"

질문하는 기세가 벼르고 벼른 포인트를 끄집어내듯 날카롭다.

"네, 묘한 촉감을 가진다는 것은 감각의 작용이니만큼 의식이 관여하는 것은 당연한 것이겠지요. 그러나 우리의 일반적 의식과는 달리 의식의 통제에서 등장하는 촉감으로 의식과는 무관하다고 말할 수 있죠. 달리 말하면 '신성한 무관심'으로 묘한 촉감이 먼저 등장하면 이것을 뒤따라간다고 할까요. 그러면 이것을 '원래의식' 또는 '순수의식'이라고 별도로 부를 수 있겠죠. 순수의식이란 본성의 연계라고 간주할 수 있죠. 말이 어렵고 복잡해지는 것은 형이상학 부분의 논리가 되기 때문입니다.

철학은 논리를 풍부하게 만들어 주체와 객체, 브라흐마와 아트만, 이데아, 로고스 등등 수많은 이론을 전개합니다. 그러나 묘한 촉감과 작용은 의식과는 별도로 전개되는 순수의식의 부분이라고 정리하고 싶네요. 따라서 묘한 작용은 깨달음을 향한 길목에서 나타나는 지난 생의 '업장의 소멸'과 '맑음의 총체적인 완성'을 주도하는 시스템의 등장을 표현한다고 말할 수 있죠. 백회의 개혈, 그리고 관음의 등장, 빛의 완결편인 제3의 눈(인당혈), 마지막 기착지점이 되는 뒷머리(뇌호혈)로 연결되는 터널인 원통터널이 완성을 향한 시스템이죠."

"네, 아직 잘 이해가 안 되는 부분도 있습니다만 차츰 수행을 통해서 알아가도록 하겠습니다. 아낌없는 지도편달을 부탁드립니다. 감사드립니다."

아무래도 경전 속의 옛 경험들을 본인 스스로 체득해보지 않고서는 달리 어떤 대답도 어떤 이해도 쉽지 않을 것 같다.

6.

영혼의 세계

신화神話나 동화童話 속에서 등장하는 정령과 혼령, 그리고 마왕과 그의 수족인 마귀의 출현은 수행자들을 당황하게 만든다. 눈에 보이지 않는 에너지의 존재는 이해할 수 있지만 귀신과 그의 무리들이 우리가 소유하는 집착과 염력에 접속된다는 사실은 믿기 힘들다. 더구나 그들은 악을 지배하고 우리의 일상에 환난을 제공하는 원천이 되지 않는가!

하지만 소중한 가족의 죽음과 마주하게 되면 영혼의 세계가 존재할 수도 있음을 짐작하게 된다. 죽음 앞에서 우리는 눈앞에 보이는 육체와 눈에 보이지 않는 또 다른 세계(靈界)가 있을 수 있음을 인정하게 된다. 방금까지 살아 숨 쉬던 육체가 싸늘하게 식어 가면 영혼이 육체를 떠났음을 비로소 알게 된다. 인간은 단 하나의 신체, 육신만 가지고 있는 것이 아니라 눈에 보이지 않는 영혼을 공유하고 있다.

정말 눈에 보이지 않는 세계, 영혼은 존재하는가? 아니면 우리 인간들이 만들어내는 가상적 허구인가? 과학으로 증명할 수 있는 방법은 없는가? 현대의 첨단과학이 제공하는 우주에 관한 정보는 새로운 비밀이 밝혀지면 밝혀질수록 우리의 인식이 매우 제한적이라는 사실을 알게 된다. 그 중 우주공간에 널려 있는 암흑 물질의 존재는 1980년쯤에야 비로소 학계의 인정을 받은 이론으로, 눈에 보이지 않는 세계가 엄연히 존재함을 수긍하지 않을 수 없게 되었다.

그럼에도 불구하고 아직까지 영적靈的인 일에 관해서 우리는 그 한계 밖에 있는 것은 무엇이든 형이상학적으로 보려는 경향이 있다. 우리는 보고, 듣고, 느끼고, 맛보고, 냄새 맡는 것, 즉 오감을 통해서 받아들일 수 있는 것만을 자연스럽게 당연시한다. 그렇지 못한 다른 부분들은 과학과 이성의 영역을 초월해 있는 그 어떤 것으로 정의해버린다.
그러나 최첨단 현미경이나 허블 망원경으로만 볼 수 있는 세계를 이제껏 보지 못했다는 이유로 초자연적이라 말할 수 없듯이 과학기기로 볼 수 없다는 이유만으로, 영혼의 세계를 언급한다고 미신이라고 몰아 부칠 수만은 없는 일이다.

산山기도를 하는 무속인이나 기공수련의 신비주의자들, 세속을 떠나 깊은 침묵의 선수행에 정진하는 선승들은 영혼의 세계를 대체로 인정한다. 특히 고급수행자들은 영적 현상을 느낄 수 있을 뿐 아니라 영적인 장면을 볼 수도 있다. 이런 사실은 실증주의적인 선입견을 재검토할 수 있는 계기가 될 수 있을 것이다.
그 같은 능력이 실제로 있을 수 있고 그 능력이 실질적이고 정상적일 뿐만 아니라 우리 인간계의 발생적인 유산일 수도 있다는 얘기며, 그러한 능력이 일반인의 영혼 안에서 휴면休眠 상태로 있다면 선수행을 통해서 깨울 필요성이 있다는 것이다.

* 암흑 물질(暗黑物質, dark matter)은 우주에 널리 분포하는 물질로서 전자기파, 즉 빛과 상호작용하지 않으면서 질량을 가지는 물질이다. 암흑 물질이 분포하는 곳에서는 그 중력에 의한 일반상대성이론의 효과 때문에 주변의 항성이나 은하의 운동이 교란되기도 하고, 빛의 경로가 굽어지기도 한다. 암흑 물질의 존재는 은하 등의 총질량을 계산할 때, 광학적 관측을 통해 얻어진 값이 중력 효과를 통해 계산한 값보다 현저히 작다는 사실로부터 유추할 수 있다. 암흑 물질의 존재는 현재 정설

로 인정되며, 빅뱅 이론 및 ΛCDM 모형의 핵심 요소다. 아직 암흑 물질이 어떤 입자로 만들어졌는지는 알려지지 않았다. 이를 암흑 물질 문제(dark matter problem)라 한다. 현재 학계에서는 아직 발견되지 않은 입자(초짝입자나 액시온 따위)일 것이라는 이론이 주류이다. 암흑 물질은 우주의 총 에너지의 대략 23%를 차지하며, 나머지는 가시광선으로 관측할 수 있는 물질과 암흑 에너지로 이루어진다는 것이 현재의 이론이다. 물질만을 고려하면 암흑 물질은 우주 전체 물질의 84.5%를 차지하며, 가시광선으로 관측할 수 있는 물질보다 훨씬 더 많다고 추측한다.

_ 위키백과, 우리 모두의 백과사전에서

과학의 미완성

우리 인간은 의식이 진화 발달하면서 차츰 미신迷信과 원시적 마법魔法에 의존한 수준에서 마침내 21세기의 과학적 사고능력에 다다르게 되었다. 하지만 오늘날 기계론적 과학을 대동하더라도 의식의 발달이 그 최후의 목적지에 도달했다는 논리적 근거는 아직 없다.

역사의 대부분 기간 동안 인간은 지구상에 있는 생명체 중 약 99.99퍼센트에 대해 아무것도 몰랐다. 미생물에 관한 일이다. 우리와 상관이 없어서 몰랐던 것은 아니다. 우리 몸속에는 수십조 마리의 단세포 생명체가 살고 있다. 이들이 단지 무임승차하는 것만은 아니다. 우리의 최고 친구이자 가장 치명적인 적이기도 하다.

그 중 일부는 우리 몸속에서 음식을 소화시켜주고 또 장을 청소 시켜주지만, 다른 일부는 병과 전염병을 일으키기도 한다. 하지만 인간의 눈이 미생물을 처음 본 것은 1674년이 되어서였다. 안톤 판 레이우엔훅이 집에서 만든 현미경으로 엿본 세계는 놀라웠다.
한 방울의 물속에 미세한 존재들이 돌아다니는 세계가 있었다. 그 후 300년간 인류는 현미경으로만 보이는 엄청난 숫자의 생물종을 알게 되었다. 이들이 일으키는 가장 치명적이고 전염성이 강한 질병의 대부분을 퇴치하는 데 어찌어찌 성공했으며, 미생물을 의료와 산업에 이용할 수 있게 되었다. 오늘날 우리는 박테리아를 조작해 약품을 만들고, 바이오 연료를 생산하며, 기생충을 죽인다.

또 인류의 발명은 눈에 보이지 않는 생명력을 촬영하는 데 성공한다. 동식물을 포함해서 생명이 있는 곳에는 생명력의 움직임, 기운의 '오라'를 발견할 수 있다. 1939년 러시아의 발명가 키를리안 부부가 개발한 '오라 카메라(키를리안 촬영기)'는 동물은 물론 식물의 잎에 펼쳐져 있는 생명력인 오라를 사진으로 담을 수 있어 생명력의 존재를 확인시켜주는 과학적 개가를 이루었다.

따라서 존재의 영적 차원으로 이어지는 영역들에 관심을 가지는 명상과학이나 심리학의 새로운 개척분야에서도 연구가 활발히 진행되고 있다. 특히 인간이 가지는 의식분야에서 불교의 핵심적 이론을 대입하여 만들어내는 SF영화(매트릭스)의 소재는 괄목할 만하다. 상대계와 절대계의 논리, 윤회설 등은 기독교신앙이 가지지 못하는 폭넓은 시야다.

이처럼 자아의 본성을 더 깊고 폭넓게 체험하거나 혹은 타인, 자연, 영지靈知 차원들과 더 긴밀한 느낌을 갖게 되는 의식 상태나 과정에 대해 연구하는 명상과학과 심리학 분야에 우리는 더욱 관심을 가질 수밖에 없다. 결론적으로 과학이 모든 분야를 이해하고 증명할 수 없다는 것이 오늘날의 추세다.

영혼은 어떻게 보이는가?

불교의 우주론은 지수화풍地水火風과 그들의 인연이다. 모든 물질은 인연으로 인해 모였다가 다시 인연이 다하면 지수화풍으로 되돌아간다. 현대물리학의 물질구조인 세포, 분자, 원자와는 달리 그 시대에서는 나름 체계적이지만 사뭇 감성적이다.

죽음이란 물질의 산화다. 육신은 허공으로 흩어지지만 '아카식 레코드'에 의하면 과거 생 우리가 만들어 냈던 언행言行의 파장은 그대로 기록되어 무형 에너지인 카르마로 존재한다. 카르마는 업장과 윤회의 원동력으로 오늘의 삶을 만들고, 또 고통과 환란에 관여하며 영혼의 실체를 현실화한다고 불전은 전하고 있다.

영혼을 과학적으로는 증명할 수 없을까?라는 의문이 든다. 과학이란 물리학이론을 수학적, 방정식으로 증명하는 것이 필수다. 방정식은 실수實數와 허수虛數로 구성되며 그 값이 과학이 된다. 하지만 과학자들을 포함하여 많은 사람들은 '허수는 없어도 되는 수로써 수학공식에만 필요한 수'라는 정도로 알고 있다.

그러나 또 다른 학설에 의하면 허수는 입자와 파동이라는 양자

이론 중에서 '파동'이라는 의미를 지닌 확실한 수數라는 주장이다. 그들 과학자 중 데이비드 봄(원자탄 개발을 주도한 오펜하이머와 아이슈타인의 제자)은 존재하는 모든 것은 실수, 허수, 영의 삼위일체를 이루고 있다고 주장한다.

여기서 봄이 말하는 실수는 눈에 보이는 3차원적 입자적 구조를 말하고, 허수는 눈에 보이지 않는 4차원적 파동적 구조를 말하며, 영(0)은 입자와 파동 등 모든 근원이 되는 궁극적 질료, 즉 초양자포텐셜(흔히 영점장이라는 이름으로 많이 사용하고 있음)을 말한다.

영국의 세계적인 물리학자 스티븐 호킹이 "우주는 허수 시공간에서 기원된다"라고 말했을 정도로 허수는 중요한 개념이다. 인간이 허수 시공간을 인지하지 못하는 것은 사람이 출생 후 성장하는 과정에서 허수 시공간을 인지하는 능력이 퇴화되었기 때문이라는 주장이다. 앞에서 언급한 인간의 기본 능력 중 하나인 영적인 능력은, 그 같은 능력이 실제로 있을 수 있고 그 능력이 실질적이고 정상적일 뿐만 아니라 우리 인간계의 발생적인 유산일 수도 있다는 견해와 맞물려 있다.

그러한 능력-영靈능력이 일반적으로 보통의 인간영혼 안에서는 휴면休眠 중이라면, 지금이라도 우리 사회가 허수 시공간의 존재를 인정하고 어린이들이 6세가 되기 이전에 그것을 인식하는 능력을 배양한다면 사람은 누구나 허수 시공간의 존재를 인지할 수 있을 것이라는 주장도 함께한다.

여하튼 우리가 허수 시공간을 인식하지 못하는 가장 큰 이유는 3차원 공간만이 존재하는 모든 것이라고 우리의 사고방식이 굳어짐으로써 스스로 고정관념의 감옥에 가두었기 때문이다. 하지만 허수는 존재한다. 텔레비전, 컴퓨터, 휴대전화 등의 제작원리에도 허수가 들어가 있으므로 허수는 우리들이 살고 있는 세계에 실존하는 셈이다.

현대물리학이론과 달리 선禪의 수행력으로 다져진 고급수행자들은 물리학에서 말하는 허수의 공간인 영혼의 세계를 감지하고 또 볼 수도 있다. 접신接神으로 보는 무속인과는 달리 고급 선수행자는 맑음에서 나타나는 통찰력으로 영혼을 볼 수 있는 것이다. 이것은 맑은 시냇물 아래 자갈과 모래가 자연스럽게 보이듯, 자타일여의 법력으로 몸에 일어나는 '묘한 작용'과 '묘한 촉감'의 느낌이 그림으로 보이는 현상일 따름이다.

묘용妙用과 묘촉妙觸은 묘한 작용과 묘한 촉감의 줄임말로 집중의 정신통일에서 나타나는 자연스러운 신체의 느낌이다. 하지만

이러한 일들은 반드시 무위無爲법의 완성 이후에 일어난다. 무위
법의 완성은 추상적이거나 관념적이 아닌 객관적이며 구체적인
정황이 생겨난다. 묘한 작용(妙用)은 달마조사의 법어法語로서,
현대말로 풀이하면 업장소멸의 핵심인 백회와 소리법문, 관음觀
音이 주축이 된다.

　내가 만약에 마음의 본체를 알고자 하면
　다만 일체 선악을 모두 생각하지 아니해야 한다.
　그러면 저절로 청정한 마음의 본체에 들어가서 지극히 그윽하면
　묘한 작용(妙用)이 항하 모래 수처럼 많을 것이다.
　_『달마어록』

묘한 작용은 한의학의 경혈이론인 백회혈을 지목하고, 하늘의
소리인 관음을 증득하면 잇달아 제3의 눈을 상징하는 앞이마 인
당혈과 뒷머리 뇌호혈을 자극한다. 마침내 아즈나 챠크라의 원
통터널로 연결되면서 불전佛典의 이근원통의 의미를 되새긴다.

144

성경 속의 마귀 현상들

산속에 은거하는 산중 스님들도 영靈의 세계를 가끔 얘기하며 믿거나 말거나 자신의 체험담을 들려주기도 한다.

'신라 고찰의 주지로 부임 받아 사찰의 보수를 진행하였다는 어떤 스님. 모진 풍화에 기울어진 탑을 보수하기가 만만치 않았다고. 깊은 산중의 골짜기라 마땅한 탑 돌을 구하기 힘들어 고심하던 차에 어떤 인사가 찾아와 절간 바로 밑 구릉에 옛날 돌무더기가 있다며 얘기하고 떠난 뒤, 뜻밖에 돌무더기 횡재를 하고 거사의 행방을 찾으니, 절간 보수할 때마다 나타나 도움 주던 영혼이래나 어쩌나!'

하지만 무당들은 입을 열기만 하면 귀신얘기로 거들먹거린다. 다가오는 앞일을 물어오는 이들에게 '고집 때문에 운이 따르지 않는다'며 아주 명쾌한 대답으로 신임을 얻는다. 이 세상에 고집 없는 이가 어디에 있을까? 하지만 앞일을 내다본다는 영험(?)에 깜빡 속는다. 또 조상령이나 빙의령의 장난 때문에 사업이 망하거나 집안에 우환이 생긴다며 언제나 영가천도를 권한다.

빙의령의 출몰은 현대인의 과학적인 사고에 때때로 혼란을 가져온다. 인체의 게놈 지도와 생명의 신비까지 과학자의 손에 쥐어져 신神의 영역을 넘나드는 이러한 때에 '귀신鬼神 씨 나락 까먹는 얘기'를 경청할 위인은 없을 것이다. 그러나 종합병원의 뒤편에는 현대의학이 풀지 못하는 난難문제가 비일비재하다.

병명이 나오는 질병은 난치병일지라도 치료의 방법을 강구할 수 있다. 그러나 증상은 있으나 병명이 없는 환자는 통증과 증상을 호소하지만 현대첨단의 의료기기도 무반응을 보인다. 결국 이러한 환자는 심인성으로 분류되어 정신과 치료를 병행하게 된다. 종교는 이러한 질병들을 믿음과 기도로 치료한 사례를 정리하고 있다. 치유의 실례를 간증으로 증거하며, 이는 모두 하느님의 은총이며 그리스도의 구원의 결과로 표명한다. 성경에도 예수님의 마귀 쫓음이 이곳저곳 연결되어 전하고 있다.

마귀와 돼지 떼

그들은 호수 건너편 게라사 지방에 이르렀다. 예수께서 배에서 내리셨을 때에 더러운 악령惡靈들린 사람 하나가 무덤 사이에서 나오다가 예수를 만나게 되었다. 그는 무덤에서 살았는데 이제는 아무도 그를 매어둘 수가 없었다. 쇠사슬도 소용이 없었다. 여러 번 쇠고랑을 채우고 쇠사슬을 묶어두었지만 그는 번번이 쇠사슬을 끊고 쇠고랑도 부수어버려 아무도 그를

146

휘어잡지 못하였다. 그리고 그는 밤이나 낮이나 항상 묘지나 산을 돌아다니면서 소리를 지르고 돌로 제 몸을 찧곤 하였다.

그는 멀찍이서 예수를 보자 곧 달려가 그 앞에 엎드려 "지극히 높으신 하느님의 아들 예수님! 왜 저를 간섭하십니까? 제발 저를 괴롭히지 마십시오." 하고 큰소리로 외쳤다.

그것은 예수께서 악령을 보시기만 하면 "더러운 악령아, 그 사람에게서 나오너라!" 하고 명령하시기 때문이었다.

예수께서 "네 이름이 무엇이냐?" 하고 물어보시자

그는 "군대(집단 빙의령)라고 합니다. 수효가 많아서 그렇습니다" 하고 대답하였다. 그리고 자기를 그 지방에서 쫓아내지 말아 달라고 애걸하였다.

마침 그곳 산기슭에는 놓아기르는 돼지 떼가 우글거리고 있었는데, 악령들은 예수께 "저희를 저 돼지 떼에 보내어 그 속에 있게 하여 주십시오" 하고 간청하였다.

예수께서 허락하시자, 더러운 악령들은 그 사람에게서 나와 돼지들 속으로 들어갔다. 그러자 거의 이천 마리나 되는 돼지 떼가 바다를 향하여 비탈을 내리 달려 바다 속에 가서 빠져죽고 말았다.

_ 「마르코」 5;2

성경聖經의 언어를 유추해보면 마귀가 육신을 지배하여 정신병을 일으키기 위해서는 최소한 2천의 빙의령이 필요함을 우리는 추리할 수 있다. 거의 이천 무리의 마귀가 돼지 떼에 빙의되어 바닷물에 빠지는 모습을 상상하기만 해도 소름이 끼친다.

빙의령

초자연계는 눈에 보이지 않는 세계다. 눈에 보이지 않지만 존재한다고 믿는 것들 중 대표적인 것이 한의학의 경혈이론이다. 특히 기氣의 존재는 미신이나 영혼과는 다르게 한의학에서는 주가 되는 테마다. 허나 오늘의 현대과학이 어떠한가! 분자는 물론 원자를 쪼개어 미립자까지 들춰내는 요즘에 당최 보이지 않는 경혈이론은 무언가 찝찝하다. 그런 연유로 서양인들의 시각에서는 한방의학의 경혈치료가 좀체 실감나지 않을 것이다.

하지만 초자연계란 그렇게 멀리 있는 것이 아니다. 일상에서 잠시 물러나 조용히 눈을 감고 집중만 하면 곧바로 초자연계로 진입이 된다. 그것뿐 아니라 손을 가만히 흔들거나 혹은 태극권 느린 동작의 몸짓만으로도 손바닥에 흐르는 짜릿짜릿한 전류의 감각을 느낄 수 있다. 이러한 현상들이 기氣의 느낌으로 출현하는 초자연계의 모습이다.

바람은 눈에 보이지 않지만 나뭇잎이 흔들리는 것을 보고 알 수
있듯이 초자연계는 집중의 정신통일 끝에 살며시 나타난다. 선
승禪僧이 고행을 기쁨으로 여기는 것은 초자연계가 깨달음으로
가는 길목임을 잘 알고 있기 때문이다.
하지만 초자연계의 길목은 신비주의와 맹신盲信의 늪으로 수많
은 함정을 파 놓고 그 길을 찾아오는 이들을 유혹하고 있다. 불전
佛典은 눈에 보이지 않는 '마왕의 영계靈界'에 대한 경계를 늦추지
말라고 경고하고 있다.

마왕은 마구니를 부하로 거느리고 접신接神을 유도한다. 접신이
란 요즘 유행하는 영화 속 좀비와 같다. 집착과 소유는 마구니의
먹이가 되어 윤회설의 기본인 업장業障을 만들어낸다. 지금까지
본인의 개성으로만 생각했던 화를 잘 내거나 잘 토라지는 성격,
또 가계家系의 유전으로 여겼던 질환들이 모두가 업장(카르마)이
만들어낸 작용들이다. 업장이란 지난 생의 기록물로 시절인연으
로 벗겨지는 환난과 고통들의 본거지다. 카르마는 어둠의 용병
들인 빙의령들의 블랙박스인 것이다.

그렇다고 빙의령의 원인이 카르마뿐만은 아니다. 바깥에서 침입

하는 빙의령들도 수두룩하다. 원한에 맺힌 영혼-원혼의 자살자
며 갑작스런 사고로 유명을 달리한 친지의 영혼들이거나 아니면
조상령들로서, 소위 말하는 중음신이다. 천국에도 갈 수 없고, 그
렇다고 딱히 지옥행도 타지 못한 '단테의 『신곡』'에 등장하는 연
옥영혼들이다.

또 접신을 주도하는 무속인들의 굿터나 산山기도가 잘된다는 유
명사찰 근교의 기도처에는 오늘도 빙의령들이 기복祈福신앙에
빠진 이들을 호시탐탐 노리고 있다.

육신에 빙의된 영靈들은 먼저 두뇌의 고급 경혈들을 지배한다.
두뇌의 경혈들이 막히면 객관적, 과학적, 이성적인 사고思考가 흐
려지면서 무비판적으로 맹신의 대열에 합류한다. 맹신盲信은 주
장과 고집을 앞세워 영적인 에너지와 합류하면서 환영幻影의 어
떤 신비를 가끔 보여주기도 한다.

그러나 이들은 자연과 역행하는 마귀의 부산물로 광신狂信의 모
델이기도 하다. 끈적끈적한 아교풀 모습을 띤 짙은 빙의령의 에
너지는 가슴의 전중혈을 거점으로 두정의 백회혈을 당차게 막아
버린다.

가슴이 답답한 증상은 대부분 빙의령의 공격이다. 현대의학으로
는 심장병이나 순환기장애로 진단되지만, 그들 중 대부분은 영

적인 장애가 문제가 된다. 물론 심하지 않은 증상들은 현대의학으로 치료가 가능하지만, 계속 재발하거나 중증인 환자는 현대의학이라도 어느 시점에서는 포기하지 않을 수 없다.

🧘 빙의가 되는 이유

빙의란 귀신이 육신에 달라붙는 현상이다. 현대에 사는 우리에게 귀신이라는 것이 정말로 있는 것인가? 궁금하다. 현대의학은 우울증에 따른 이상증상으로 일종의 정신과 질환으로 여긴다. 하지만 영적靈的인 일을 경험한 이들-귀신을 보거나 환청으로 영적인 장애를 겪는 환자는 분명히 그 존재함을 굳게 믿으며 두려움에 떨고 있다.

입춘 추위가 기승을 부린다. 춘래불사춘春來不似春, 계절은 봄이 왔다고 해도 아직 한겨울이다. 허나 봄기운이 아직 지표면으로 나타나지 않아도 우울증환자와 정신질환을 앓는 이들은 유독 심한 증상으로 몸살을 앓는다. 왜 하필이면 영적인 병들은 봄기운에 예민해질까?

봄은 오행五行상으로 목기木氣가 활발한 계절이다. 한의학이론에서 목木은 간담肝膽을 주관한다. 간은 현대의학상으로는 해독작용과 영양을 공급하는 주체로 생명의 보고다. 하지만 한의학은 간담의 장기보다 간담의 경락을 중시하는 것이 좀 더 포괄적이다.

간경肝經은 해독과 영양은 물론 인체에서 가장 중요한 두뇌를 관리 감독하는 작용에 초점을 두고 있다. 고로 봄기운은 간과 담을 자극하여 예민성과 적극성을 돌출하여 간肝 경락에 문제가 생기면 두뇌(정신)질환에 노출된다.

우울증과 같은 정신질환은 두뇌의 부조화에서 발생한 질환으로 정신과 치료와 함께 한의학의 보조요법이 도움을 준다.『본초강목』에서는 목향, 침향, 단향 등 향香이 강한 약초가 두뇌질환에 특효임을 제시하고 있다.

침구학에서는 약물요법과 병행하여 간 경락을 다스리면 치료가 가능하다. 그리고 간肝은 성냄과 잠을 주관하는 장기로 간경肝經이 막히면 이유 없이 화를 잘 내거나 불면증을 초래한다. 특히 불면증은 기氣를 소모시켜 귀신들림의 원인제공이 되기도 한다.

그럼 빙의가 되는 까닭은 무엇일까? 일반인들은 판타지 소설 수준으로 재미 삼아 화제에 올린다. 허나 당하는 본인에게는 끝없이 지속되는 불안과 초조, 그리고 불면증으로 죽지도 못하고 살지도 못하는 지옥불의 고통처럼 느껴진다.

마치 예리한 송곳날이 눈앞을 가로막는 것과 같아 눈을 바로 뜰 수가 없다. 또 어깨를 짓누르는 고통에서 목을 마음대로 돌릴 수 없고 고개를 바로 들 수도 없다. 그것만 아니다. 아무 까닭 없이 불안하며 목에 이물감이 생겨 삼키려고 해도 삼켜지지 않고 뱉으려고 해도 뱉지를 못한다. 또 가슴을 짓누르는 통증으로 안절부절 몸 둘 바를 모른다.

이처럼 빙의(귀신들림)에 노출되는 것은 우연인가? 아니면 전생의 악연인가? 불전佛典은 인과응보라 낙점한다. 원인이 없는 결과가 없듯이 대부분 악연惡緣으로 지난 생에 엮어진 원한에 서린 원혼들이다.

빙의가 되는 이유를 크게 몇 가지로 나눌 수 있다. 그 첫 번째의 원인이 불현듯 기운氣運이 소진되면서 나타나는 증상이다. 갑자기 닥친 가족의 사고소식이나 혹은 깊은 밤 마주치는 강도범의 예리한 칼날은 한순간에 기력氣力이 갑자기 소진되는 탈진현상을 만든다.
허虛하면 귀신이 보인다고, 이때 빙의령이 어김없이 나타나 육신을 침공한다. 갑자기 일어난 사건에 의한 충격으로 발생한 예민성 질환, 우울증과 같은 정신적 장애가 바로 그것이다. 증상이 심하면 정신분열증으로 변할 수 있는 소지가 있으니 필히 정신과 치료를 요한다.

또 만성적으로 나타나는 손기 현상으로는 불면증을 먼저 거론할 수 있다. 기운氣運의 입장에서도 잠을 충분히 자야만이 낮 동안 빠져나간 에너지를 스스로 보충할 수가 있다. 건강의 3대 조건이 쾌식, 쾌변, 쾌면이다. 잘 먹고, 잘 싸고, 잘 자면 그것이 최고의 건강이다. 충분한 영양과 배설도 중요하지만 충분한 휴식이 급선무다. 일상의 근무시간과 비례하여 잠을 충분히 자야 한다. 기氣가 빠지면 허虛해지고 허하면 귀신이 든다.

두 번째로 잘못된 사도邪道의 수행법으로 빙의가 된 현상이다. 중세 유럽의 마녀사냥은 기독교 정신의 대표적인 사례로 하느님을 외면한 어떠한 종교의식도 부정하였다. 그 이유는 이들의 모든 행위는 귀신을 불러들이는 행위로 간주되었기 때문이다. 마녀魔女는 마녀를 확대 재생산한다는 결론에서다.

단전호흡이나 명상의 이름을 걸고 의념수련과 자기최면을 유도하여 기공치료나 조상천도를 부추기는 것 역시 일종의 종교적 행위이다. 이들을 잘 이용하여 성공한 국내의 몇몇 명상단체가 있다. 자기최면으로 두뇌를 자극하여 학습능력을 올리며, 의념의 기공으로 건강과 회춘(?)을 회복시킬 수 있다고 하지만 그것은 일순간의 일이다.

'정신일도 하사불성'이라, 정신을 통일하면 누구나 에너지를 만들 수 있어 성적이 향상될 수도, 건강이 회복될 수도 있다. 그러나 기교나 기법을 동원하는 명상수행법은 최면술과 다름없어 귀신들림에 노출될 수 있다. 최면이란 맑은 정신精神을 혼란시키는 행위로 지속적으로 행하면 귀신들림의 현상이 나타난다.

불전은 '구하거나 의지하지 말라, 그리고 상相을 짓지 말라!'고 경고한다. 이 법문法問 외의 모든 행위는 암시와 연결된 최면술과 다름없다. 기교와 비법을 주장하는 명상의 정신수행은 무심의 선禪과는 전혀 다르다. 겉보기는 그럴 듯하지만 모두가 마귀의 짓거리와 같음을 명심해야 할 것이다.

그리고 선천적인 경우다. 일반적으로 정신병이 있는 집안에는 후손 중 누군가가 반드시 정신질환을 앓게 된다. 이처럼 유전적이며 가계家系로 대대로 이어져오는 것을 보면 전생의 일들과 어떤 관련이 있을 것이다.
예컨대 사춘기 시절부터 까닭 없이 영적인 장애에 시달리며 간신히 일상을 유지하며 정상적인 생활을 하지 못하는 경우이다. 또 병명도 나오지 않으면서 병석에 누워 이유 없이 시달린다. 이

러한 일들은 잔인한 살육(칭기스칸의 기마병)이나 엄청난 배신의
업보(낙랑공주의 북 찢음)로 원한이 뼈에 사무친 전생의 사건에
연유한 것이 원인이다.

7.

전생여행

일반적으로 우리의 몸은 육체와 영혼으로 구성되어 있다고 간주한다. 생명이 영육靈肉의 합일이라면 죽음이란 육체와 영혼의 분리현상이다. 그렇다면 영혼은 정말 존재하는 것일까? 이제 막 죽음을 맞이한 순간, 영혼은 어떠한 현상을 경험하게 될까? 과연 사후세계는 어떻게 펼쳐지는 것일지? 이러한 죽음에 대한 의문이 꼬리를 물고 일어나면 영혼의 존재에 대한 어떤 고대 경전의 이야기(?)가 우리를 기다린다.

『티벳 사자死者의 서書』는 신비로 가득한 티벳불교 최고의 경전이다. 대략 1,200년 전에 쓰여진 것으로 한 번 듣고 보는 것만으로도 영원한 자유에 이를 수 있다며 신비의 체험을 소개하고 있다.

생生을 마치고 사후死後의 세계로 여행을 떠났을 때 그대 앞에는 많은 빛들이 나타날 것이다. 임종의 순간에는 최초의 빛이 그대를 맞이하러 나타나리라. 그대는 그 빛을 따라가야 한다. 그 빛은 모든 것의 근원이며 진리의 몸 그 자체이기 때문이다.

만일 그대가 그 빛을 깨닫는 데 실패한다면 그 다음에는 또 다른 빛들이 나타날 것이다. 그리고 그 빛과 함께 수많은 신神들이 그대 앞에 등장한다. 어떤 신은 평화의 신이고, 어떤 신은 분노의 신이다. 이 모든 빛들과 신들에게로 돌아가는 데 실패한다면 그대는 점점 깊은 어둠 속으로 떨어질 것이다.

그리고 공포의 환영幻影들이 그대를 사로잡으리라. 그대는 사지가 산산이 찢기고 심장이 꺼내져 내동댕이쳐지며 머리가 부서질 것이다. 그러나 그 끝없는 고통 속에서도 그대는 죽을 수가 없다. 마침내 그대는 다시금 세상에 태어나기를 원하게 되고 어두운 무의식 상태에서 어느 현장, 어떤 여인의 자궁 속으론가 황급히 뛰어들게 된다. 그렇게 해서 49일은 지나가고, 그대는 다시금 생과 사의 수레바퀴로부터 헤어날 수 없게 된다.

🧘 윤회

티벳 최고의 스승 파드마 삼바바가 기술한 죽음의 보고서, 『사자死者의 서書』는 윤회의 당위성을 부각하여 세계 심리학계의 새로운 이정표가 된다. 특히 현대 심리학 대가 중의 한 명인 칼 융은 '인간은 자아를 통해 인식되는 의식뿐 아니라 우리가 지나치기 쉬운 무의식에도 사실상 집중하고 있음'을 밝히고 있다. 그리고 무의식의 근원이 윤회설에 입각하고 있음을 서술하고 있다.

그러나 죽음을 경험해본 사람이 없는데 죽음 후의 일들을 누가 감히 주장할 수 있을까? 허나 종교의 경전들은 사후死後 영혼의 세계를 그림을 그리듯 말하고 있다.

죽음을 눈앞에 둔 영혼은 서서히 다가오는 죽음의 그늘에서 불안감과 공포심에 사로잡히게 된다. 이승의 의식이 가물가물 맴돌 때 반짝 저승의 길잡이가 불빛을 들고 나타난다. 그러나 불빛의 밝기는 각기 다르다. 그것은 이승의 공功과 화禍를 의미하는 영혼의 맑음이 각자 다르기 때문이다. 어떤 이는 조명탄을 쏘아 올리듯 환한 대낮이라면, 어떤 이는 간신히 어둠을 면한 등불에 불과하다.

조금씩 어둠에 익숙해지지만 거미줄처럼 얽힌 미로의 출구를 찾을 수 없어 공포심은 끝을 달린다. 한참을 어둠의 터널에서 혼자 내동댕이쳐 있는 시간이 불과 얼마 되지 않았는데 이승의 시간은 이미 49일이 지났다. 이승의 시간과 저승의 시간과는 많은 차이가 있다. 그런 연유로 불가佛家에서는 49재로 영혼을 달랜다. 순간 긴장의 몸짓이 시작되면서 마침내 기다리던 자신이 만들어낸 빛의 인도를 받으며 각자의 저승 행로에 들어선다. 그곳은 천상, 지옥, 인간, 아수라, 축생의 윤회길이다.

윤회란 영혼의 쉼 없는 여정이다. 종교와 무속신앙들은 영혼의 윤회와 환생에 대하여 계속 가르쳐왔다. 불교와 힌두교는 물론 초기의 유태교에서도 윤회는 진리였다. 더구나 가톨릭의 초기성서에도 윤회의 가르침이 분명 있었다. 근데 서기 553년 제2차 종교공의회에서 윤회의 이론을 이단으로 규정함으로써 사악한 것으로 간주되었다. 그러나 오늘의 종교학자들 중 일부는 다른 견해를 주장하고 있다. 종교공의회의 역할은 민중을 좀 더 효과적으로 지배하기 위한 정치적인 음모였다고.

불전에서도 죽음을 옷을 갈아입는 것이라 했다. 헤지고 더러워진 낡은 옷을 새 옷으로 바꿔 입는 행위일 따름이다. 따라서 죽음이란 영혼의 세계에 이르는 하나의 과정에 불과하기 때문에 전혀 두려워할 대상이 아니다. 오히려 죽음을 이해하고 알 수 있어야만 인간의 삶도 이해할 수가 있다. 그렇게 해서 영혼의 존재를 인식함으로써 오늘의 이승 생활이 한 단계 더 높은 영격靈格을 갖추기 위한 학습장임을 스스로 알아야 한다.

내가 이번 생生에서 알게 모르게 저지른 악업惡業은 그만큼의 악업으로 인과의 씨를 뿌리고, 남을 위해 자선을 베풀면 복덕으로 전해진다. 또한 깨달음을 향해 정진하여 공부한 공덕은 공덕만큼 다음 생으로 틀림없이 이월이 된다. 악업은 축생이나 미물로도 올 수가 있고, 선업은 더 높은 지위나 좋은 환경의 인간으로 다시 환생하기도 하고, 참 수행을 할 수 있는 그릇(근기)을 갖추게 되기도 한다.

카르마

현대과학은 천문학을 지금까지 상상하지 못했던 공간과 시간으로 정리하고 있다. 밤하늘에 반짝이는 별들의 집단, 은하를 대략 2,000억 개로 짐작한다. 별 하나하나의 숫자가 아니라 은하의 숫자를 말한다. 가늠하거나 계산조차 하기 힘든 공간의 배열이다. 또 허블 망원경이 기록한 은하들의 색깔로 생성시기와 거리도 추측할 수가 있다. 오래된 은하는 붉은색으로 빅뱅과 연대가 비슷한 150억 년 전이며, 그 다음 세대는 푸른색과 흰색으로 구분될 수가 있다. 따라서 눈으로 보이는 은하계의 붉은색 파장은 수백억 광년의 파장이 시간과 공간을 거쳐 지구로 전달되는 현상이다.

이것은 우리가 현재 라디오, TV방송국에서 송전하는 전파를 라디오나 TV수상기를 통해서 듣고 볼 수 있는 이치와 동일한 현상이다. 공간을 초월하여 파동을 받을 수 있는 수신기만 있다면 수백억 광년의 거리에서 발생하는 전파의 파동을 오늘 이 시점에서도 받을 수 있다는 얘기다.

히브리 신학자들이 '신의 기록을 담은 책'이라고 부르는 『아카식 레코드』는 신비주의자들에게는 진리와 다름없다. 현상계의 본질은 파동이므로 소리(파동)가 음반 위에 기록되듯이 물질우주 속의 모든 현상과 사건은 시공을 초월하여 고스란히 아카사의 항아리 안에 기록된다고 한다. 『아카식 레코드』는 영어식 표기이고, 아카사는 산스크리트어로 최초의 '원시물질'이라는 뜻으로, 우주심(universal mind)과 같은 의미로 사용된다.

카르마도 이와 같다. 우리의 언행과 생각들이 파동으로 변모되면 호수 위에 퍼지는 잔물결처럼 끊임없이 이어져, 고스란히 아카사의 항아리 안에 기록되어 이월된다고 한다. 카르마의 파동을 받을 수 있는 수신기란 바로 수행을 통하여 만들어지는 맑음의 본체인 것이다.

카르마(업장)란 지난 삶에서 빚은 우리의 언행과 의식이 만들어내는 파동, 에너지의 총칭이다. 불전은 구업口業, 신업身業, 의업意業을 3업이라 부른다. 그 중 악업을 짓게 하는 어리석은 마음이 미혹迷惑이다. 미혹으로 말미암아 업을 짓게 되지만 그것으로 끝나는 것이 아니다. 그들은 업이란 이름으로 불멸의 영혼과 함께 세세생생 이월된다. 삶에 고통이 따르고 우환이 멈추지 않는 이유는 자신이 저지른 악업의 되새김일 가능성이 높다.

선善은 선으로 이월되고, 악惡은 악으로 다시 전해지는 불교의 윤회와 업장의 법칙과 그 맥락이 동일하다. 잠재의식, 무의식과 통하는 제8식 아뢰야식은 카르마의 저장고와 같다.
카르마(업장)란 전생 삶의 기록표인 동시에 에너지의 압축 프로그램이다. 마치 항공기의 기록장치(블랙박스)에 모든 비행의 정보가 기록되어 있듯이 지난 생의 행적이 에너지로 밀봉되고 포개어져 있다.

그들은 가죽처럼 질기고 돌처럼 단단하게 굳어져 그 어떠한 것으로도 도저히 녹일 수 없는 악성껍질로 변해 있다. 이렇게 단단하게 무장한 어둠의 용병들은 일반인들에게는 허약체질과 유전자의 꼬리표를 달고 윤회의 길을 재촉하고, 한편으로는 수행자의 깨달음의 길을 가로막고 있다.

수행의 첫 번째 과제는 마음을 집중하여 정신통일을 경주하는 것이다. '구하지 말고 의지하지 말고 상을 짓지 않는' 마음의 집중은 무위법으로 거듭나면서 맑음을 만들어낸다. 그들은 지난 생의 빚, 업장을 녹이는 것을 시작으로 하여 동시에 영혼세계(靈界)로의 진입을 시작한다.

카르마는 영적靈的인 사건이다. 바꾸어 말하면 지난 생의 언행言行이 만들어 놓은 염력의 에너지들로 영적 에너지들의 총칭이다. 염력 에너지는 생각의 끝자락에서 나오는 영육靈肉의 혼합물로서 우리의 의식이 만들고 관여한다. 깨달음으로 향한 길에서 의식의 자제와 통제, '신성한 무관심'이 필요한 까닭은 바로 이 때문이다.

🧘 전등

등불과 등불의 연결과 이음이 전등傳燈이다. 마왕은 후학들을 자기 수족으로 만들지만, 부처는 후학들에게 자기의 밝음을 전등한다. 밝음이란 캄캄하고 칠흑 같은 수많은 세월의 어둠도 화롯불 위에 잔설 녹이듯이 한순간에 녹이고 찬란한 광명을 선사하는 빛의 대명사다.

학교나 사회에서 배우는 지식은 현상계에서 반드시 필요한 상식과 견해의 바탕이 된다. 그러나 다른 의미론 세속적이다. 남보다 한 수 빠른 재치로 부와 명예를 독차지하기 위한 뛰어난 발상은 아상(ego)의 집결체, 그들은 만족함을 모르는 육신의 욕정에 사로잡혀 있다. 그래서 이 모두가 어둠의 대명사다.

수행의 첫 시작은 방하放下, '마음을 내려놓는 것'을 말한다. '부자가 하늘나라에 가는 것은 낙타가 바늘구멍으로 들어가는 것과 같다'는 성경의 말씀이 떠오른다. 재물이 많은 자와 마찬가지로 지식이 많은 자도 마찬가지다. 식자識者의 우월감, 가진 자의 우월의식을 모두 내려놓아야 한다.

집중을 통한 정신통일은 일정량의 맑음을 만들어내지만 세속에 젖은 일상의 탁기를 지우기에 급급하다. 일상의 빚도 해결하기가 아직 미진한데, 하물며 지난 생의 빚인 카르마를 녹이기엔 너무나 벅차다. 그들은 가죽처럼 질기고 돌덩이처럼 단단한 물질로 변형되어 세포 구석구석 채워져 있다. 아마도 수많은 지난 생들의 흔적들을 지우기에는 이번 생의 시간으로는 역부족은 아닐지……?

염화시중의 미소, 이심전심이 수행자를 한 단계 상승시킨다지만 도대체 마음법의 설정이 무엇인지 의문스럽다. 좀 더 구체적인 상황은 없는 것인가? 선지식이 필요한 시점이다.

"지혜의 빛이 의식을 넘어 순수의식의 근저를 통과할 때, 그 빛은 내부(영혼)와 외부(육신) 모두를 비춘다. 그리하여 모든 것은 투명하게 자라며 스스로는 자신의 내면 깊숙이 자리 잡은 자성自性을 인식한다. 자성을 인식하는 것은 곧 해방을 뜻한다. …… 자성은 하늘의 이치(本性)와 근본이 같다. …… 이것은 무의식의 구현이다. 무의식이란 무엇인가? 그것은 사물을 있는 그대로 보는 것이며 어떤 것에도 집착하지 않는 것이다. …… 무의식적이라는 것은 상대적(경험적) 마음의 작용이 없는 것(無爲)을 말한다. …… 어떤 것에도 생각의 머무름이 없을 때 이것이 제한 없는 경지이다. 어느 곳에도 머무름이 없는 이것이 바로 우리 생명의 뿌리-자성自性인 것이다.”

“인간은 타락한 존재이며 신성한 빛과 결합되지 않으면 선善해질 수 없다고 분명히 말하였다. 신성한 빛은 인간 영혼 속에 존재하는 그리스도다. 이것은 죄악의 씨앗이 대중적이며 보편적이듯이 신성한 빛 역시 누구나 가지고 있다.
그리스도교인뿐만 아니라 비종교인을 포함한 모든 사람이, 비록 겉으로 드러난 그리스도 삶의 역사를 전혀 모르고 있다고 하더라도 내면의 빛을 부여받았다. 이것은 양심에 의지한 내적 광명을 부정하거나 저항하지 않음으로써 내면에서 신성한 새로운 탄생을 허용하는 사람들에게 타당한 이유가 된다.”
_ 십자가의 성 요한

두 내용 모두 그럴듯한 고답적이고 난해한 ‘신성한 빛’에 대한 설명이다. 더욱이 “신성한 빛은 인간 영혼 속에 존재하는 그리스도다”란 표현은 너무나 신선하다. 하지만 양심이나 그리스도의 도움으로 이 신성한 빛이 나타나는 것은 결코 아니다.
우리는 이곳에서 의식의 통제를 ‘신성한 무관심’으로 말을 바꾸어보자. 신성한 무관심에서 비롯된 정신통일은 묘한 작용을 대동하고 온갖 변화를 마주하다가 마침내 빛의 출현이 시작된다.

빛은 소리(觀音)의 변형이며, 그들은 구체적이며 객관적인 자태로 앞이마에서 모습을 드러낸다.

선지식의 맑음의 법력은 빛의 파장으로 변모하면서 후학들이 부지불식간에 생성한 염력의 역에너지와 카르마를 시간의 흐름과 함께하면서 서서히 녹이기 시작한다.
정진의 시간이 쌓여 후학들의 어느 수준의 맑음이 만들어지면 머리끝 백회를 개혈하고 하늘의 소리, 관음을 전등하면서 밝음으로 연결된다. 그 중간에 달마조사의 묘한 작용은 '항하수 모래알같이 수많은 작용을 되풀이한다.'

마침내 관음은 소리에서 빛으로 변하면서 이마 한복판 제3의 눈을 개혈한다. 한동안 이곳에서 머물던 빛의 행렬은 쉼 없는 정진의 시간을 요구한다. 마침내 뒷머리로 연결되는 빛의 파노라마는 원통터널을 서서히 만들어나간다. 이마와 뒷머리로 연결되는 원통터널은 이성적이며 구체적이며 객관적이다. 그러나 아직 완성의 단계는 아니다. 그 다음의 경지가 기다리고 있다.

악마의 눈을 피해, 악마를 두려워하지 않는 경지, 곧 악마의 눈에 보이지 않는 경지가 이곳이다. 『능엄경』에 이르면 관음觀音은 관세음보살이 깨달음을 얻은 최고의 지혜법문이다.

초대받은 자와 선택된 자

물이 수소와 산소로 구성되어 있다는 사실은 일상의 경험을 통해서는 절대 알 수 없는 일이다. 그렇지만 물에 극단적인 처리를 가하면 그 구성요소들의 성질이 드러난다. 마찬가지로 일상의 세속적인 생활에 매어 있는 많은 보통사람들의 마음은 구도求道에 대해 지극히 소극적이거나 전혀 관심을 가지고 있지 않다.

그러나 마음에 매우 극단적인 처리─철학적 사변(諸行無常, 是生滅法)을 가하면, 적어도 마음의 일부를 구성하는 신성한 요소가 마음 자체뿐만 아니라 외부로 드러나는 행동에도 반영되어 그 모습을 드러낸다.

이처럼 물질의 본질적인 특성과 잠재력이 물리적인 실험을 통해 밝혀지듯, 마음의 본질적인 특성과 잠재력은 심리적이고 윤리적인 실험을 통해서만 발견 가능하다. 따라서 이런 잠재력은 감각에 매인 평범한 삶에서는 좀처럼 드러나지 않는다.

사람으로 태어나기도 어렵거니와
부처님 만나기는 더욱 어려워
바다 속에 살고 있는 눈 먼 거북이

구멍 뚫린 나무(盲龜遇木)를 만나기보다.

부처님 세상 법에 물들지 않고
연꽃에는 물방울이 묻지 않듯이
삼계에 태어나는 종자를 끊어
나고 죽는 물결을 길이 건넜네.
_『대반열반경』 중에서

그렇다고 종교를 선호하고 그들에게 기대는 우매한 삶을 부추기는 건 아니다. 신성神性의 발견을 극대화하려는 삶을 설명하는 것이다. 이것이야말로 깨달음일수도 있고 삶의 목적지일수도 있다. 그러나 이것을 얻으려면 특정한 조건을 충족시키고 어떤 규칙을 따라야 한다. 그 첫 번째가 '구求하지 말며 의지依支하지 말며 상相을 짓지 않는' 정신통일이다.

일부 서구의 철학자와 종교가들은 그리스도의 영광과 은혜를 들먹이며 모든 것을 그들에게 의지하며 귀의한다. 하지만 동양의 선불교는 '죽고 사는 나를 버리면 곧 그곳이 부처(生滅滅己 卽滅爲樂)'임을 강조한다. 바로 유위법이냐 무위법이냐의 차이다.
무위란 자연 그대로 저절로 되는 것이며, 유위는 인간이 의도적으로 만드는 것을 의미한다. '구하고 의지하며 상을 짓는' 행위는 유위법의 대명사다.

또한 그들의 논법에 의하면 어느 시대에서는 직접적인 깨달음
(영적인 앎)을 얻고자 하는 사람들이 얼마간 존재해왔으며, 실제
로 그런 앎을 얻을 수 있었다고 주장한다. 이들 중 몇몇은 그런
식으로 포착할 수 있었던 '실재'에 대한 설명을 기록으로 남겼고,
하나의 포괄적인 사상체계 속에서 이런 경험적 사실들을 대중
들에게 널리 알려 정신세계와 연관시키려고 노력하였다. 이렇게
깨달음을 직접 체험하고 주장한 사람들에게 보통 '깨달음을 얻
은 자', '성인', '현자', '혹은 예언자'라는 호칭이 붙었다.

하지만 그들은 수준 높은 이론가일지는 몰라도 결코 '깨달음을
얻은 자'라곤 말할 수 없다. 왜냐하면 그들의 지적 능력과 신비의
경험으로 종교를 만들고 그 세력을 세계화하는 데 성공했을 수
있지만, 그 노력은 대부분 대중적인 것에만 성공을 거두었기 때
문이다.

종교를 '독실한 신자들의 엄밀嚴密한 음모'라고 단정하는 사회학
자들의 비판을 받는 이유는 대중에게 맞게, 대중에 의한, 대중을
위함에 치우치다 보니 엘리트 양성에 초점을 두지 않은 탓일 수
도 있다. 불교의 행정승과 선승의 나눔은 초대받은 자와 선택받
은 자의 좋은 본보기가 된다.

초대받은 자들은 대중적이지만, 선택받은 자는 소수의 엘리트뿐이다. 따라서 수행자들의 목표는 오직 깨달음이다. 이것은 물질과 마음, 그리고 생명으로 구성된 삶의 근본이 되는 존재의 근원인 실재를 추구하는 일이다. 그런데 이 유일한 실재, 깨달음의 특별한 조건을 만족시키는 것은 선택된 사람만이 가능하다.

스스로를 사랑스럽게 만들고 순수한 품성으로 마음을 내려놓은 사람, 다시 말해 삶의 가치를 정신계-구도求道에다 무게 중심을 둔 사람은 선택된 사람이다. 평범한 보통사람들과 달리 직접적이고 즉각적으로 구도에 최대 관심을 두고 행行하는 사람, 평범한 삶을 포기하고 낯선 그 길을 선택한 이유에는 분명 값진 무언가가 있을 것이다.

세속의 삶이 전부가 아니고, 삶의 끝이 곧 죽음이라는 공식을 우리는 모르지 않는다. 학식이 풍부하거나 지위가 높다고 해서 구도求道심이 더 많다거나, 혹은 그 반대의 상황이라고 해서 구도심이 덜한 것은 아니다. 종교의 출가가 아닌, 삶의 의지와 목표가 구도에 있다면 그 무엇도 상관없다. 같은 형제자매나 친인척이라도 그 길을 가는 이들에겐 다소 수용하기 힘들더라도 따뜻한 격려의 박수를 보내줘야 할 것이다.

上士는 聞道에 勤能行之하고

상근기는 도를 들으면 힘써 실천하려 하고

中士는 聞道에 若存若亡하고

중근기는 도를 들으면 반신반의하고

下士는 聞道에 大笑之라

하근기는 도를 들으면 깔깔 하고 웃는다.

 ## 전생여행

윤회란 영혼의 쉼 없는 여정이다. 무속신앙과 종교들은 영혼의 윤회와 환생에 대하여 가르쳐왔다. 불교와 힌두교는 물론 초기의 유태교에서도 윤회는 진리였다. 가톨릭의 초기성서에도 윤회의 가르침이 있었다고 전해진다.

그러면 윤회는 진리인가? 아니면 윤회설은 애당초 성립하지 않는 것일까? 그럴 수는 없다. 윤회는 모든 존재의 기반이다. 윤회를 전제로 하지 않는 존재를 생각할 수도 없고, 윤회의 전제가 없는 불교는 생각할 수도 없다. 과학적으로는 증명할 수 없지만 사실 윤회는 이론이기 전에 하나의 사실이요, 구원이기 전에 하나의 현실이다.

현대과학의 백미는 컴퓨터라고 해도 무리가 없다. 컴퓨터의 기능은 입력, 기억, 연산, 제어, 출력으로 나눌 수 있다. 간추려보면 정보의 저장과 그에 관련된 시스템, 처리능력(계산)이다. 특히 가상공간의 저장은 현실공간과 다름없이 정보를 저장, 활용할 수 있는 기능이 존재한다.

가상공간(Cyber-space)이란 인터넷이나 PC통신 등과 같은 통신망을 통해 대량의 정보가 교환되고 공유되는 공간을 의미한다. 이러한 가상공간은 컴퓨터뿐만 아니라 휴대전화 등을 통해서도 접속될 수 있으며, 현실세계에서와 같이 대화, 편지 주고받기, 쇼핑과 은행 업무는 물론 가상의 화폐를 이용한 상거래, 휴식과 여가를 즐기기 위한 다양한 문화활동 및 교육활동까지도 가능하다.

현상계의 본질은 파동이므로 소리(파동)가 음반 위에 기록되듯이, 물질우주 속의 모든 현상과 사건은 시공을 초월하여 고스란히 아카샤의 항아리 안에 기록된다는 『아카식 레코드』는 인터넷이나 PC통신 등과 같은 통신망을 통해 전해지는 가상공간과 틀이 비슷하다.

이 세상에서 죽음과 윤회의 경험을 기억하는 이는 아무도 없다. 그러나 컴퓨터에 저장된 정보를 다운로드하듯 윤회와 환생 역시도 가상공간, 『아카식 레코드』에 기록된 정보일지도 모른다. 수행자의 맑음은 시간과 공간을 초월한 가상공간의 정보 능력일 수도 있다.

김 사범

"스승님과 함께한 3년 동안의 수련시간 덕분에 수행력이 완전히 탈바꿈하게 되었습니다"라고 시작된 장문의 편지는 외국근로자로 고국을 떠나면서 띄운 석별의 언어였다. 구도求道에 대한 새로운 열정을 전등해준 스승께 드리는 고마움과 지난 15여 년간 맹목적인 기공수련을 했던 지난날을 후회하는 독백으로 점철되고 있었다. 열정과 맹신盲信만으로 가득했던 지난 세월을 뒤돌아보면서 인생의 황금기를 허송세월로 보낸 회한과 예비수행자들에게 들려주고 싶은 초자연계의 동경과 위험에 대한 경고의 말이 절절하게 전달되고 있다.

"기氣수련에서 피폐해진 몸을 다시 일으켜 세워주신 스승님의 법력은 가히 천하무적이었습니다. 첫 대면 시 밀려오는 스승님 기운의 파장은 전율 그 자체였습니다. 스승께서는 기운이 아니라 맑음이라고 설명하셨지만, 지난 세월 중국기공유학시절에서도 겪어보지 못한 박하향이 가미된 듯한 기운은 온몸의 경혈을 자극하면서 특히 두정의 백회혈과 이마 앞 인당혈을 금방이라도 개혈할 분위기였습니다.
며칠 후, 심리학을 전공한 교수님께 스승님과의 독대 현장을 소개하면서 어떻게 그러한 현상이 일어날 수 있는지에 대해 문의한 바 있었습니다.

'심리학의 이론에 의하면 인간의 뇌파를 측정하는 단위를 헤르츠(Hz)라고 하죠. 물론 전파의 진동수 단위를 말하는 것과 동일한 언어지만 심리학에서는 뇌파의 진동수를 측정하는 고유명사로 사용하죠. 예수님이나 부처님 등 성인聖人들의 미세한 진동파의 0.4헤르츠에서 정신적으로 문제가 있는 환자들의 32헤르츠까지 베타파, 세타파, 알파파로 구분하는데, 8헤르츠의 알파파는 명상가들의 최고급 뇌파파장으로 기록되죠. 하지만 8헤르츠의 파장은 일상에서는 감지할 수 없고 명상 시나 숙면 시에나 점검할 수 있는 뇌파로 알려져 있습니다. 하지만 그분처럼 대화를 주도하면서 알파파의 전율을 전등한다는 것은 이론상 맞지 않는 경우입니다. 외국의 논문 사례들을 종합해보면, 추측컨대 김 사범 스승님의 뇌파 움직임은 성인들의 파장과 유사하지 않을까 감히 말씀드리고 싶습니다'라는 회신을 받았습니다. …(중략)… 예비수행자들을 위해 지난날 기공수련의 전말을 아래와 같이 적어봅니다."

"양청려의 『대성첩경大成捷徑』을 번역한 ○○학회는 서울 중심지에 고급 실내장식으로 단아함을 갖춘 백여 평의 수련장과 설악산을 배경으로 하는 관광호텔에 전속수련장을 개설하고 있었고, 중국기공 열풍을 한 몸에 받은 C회장은 한국본부장을 역임하면서 십 년간 중국최고 스승과의 기공유학생활과 그분들로부터 전수받은 높은 공력을 자랑하고 있었다. 90년 초 일주간의 중국현지 기공수련비가 3백만 원을 호가하였으니 고가의 입회비와 월 회비를 내야 했다. 참석한 회원들의 직업 역시 다양하지만 모두들 나와는 비교할 수 없는 분들이 대부분이었다. 여러 대학교수님들과 고급공무원, 외교관 부부, 재벌가의 친척들, 심지어는 승납이 높은 선승들도 몇 분 용맹정진하고 있었다. 현재 본회 고문으로 계시는 90의 고령이신 육군스타 출신의 J선생님도 그곳에서 뵐 수 있었다. …(중략)… 이제 지난 세월을 돌이켜보면 청춘의 뜨거웠던 정열이 부끄러워진다. 취미로 단련하던 무술이 본업으로 전환하게 된 계기는, 중장비 기사였던 시절 토목현장의 인명사고 트라우마 때문이었다. 그게 기공수련의 시작점이 되면서 초자연계의 동경과 기대감으로 정신계를 흠모하게 되었다. 사범자격증을 소지한 무술인으로서 외공外功의 다음 단계인 내공內功을 기르기 위한 도전이 입산의 동기가 되었다.

단전호흡과 정신수양의 초발심이 산중생활로 이어지면서 '길 없는 길'에 들었음을 자부하며 끝없는 미로를 숙명으로 자찬하였다. 남들보다 뛰어난 것은 별로 없으나 단 하나, 이루고자 하는 집념과 나를 이길 수 있는 극기克己는 남만 못하지 않다고 늘 다짐했다.

끝이 없는 정진 속에서 세월은 흘러 어느 듯 십수 년, '시작은 미미하였지만 그 결과는 장대하리라'는 성경의 구절과는 정반대다. 당당한 열정과 목표의식을 가지고 덤벼들었지만 시간이 흐를수록 오리무중이다. 바위를 뚫어낼 듯한 초발심은 점점 무뎌지고 정신세계의 막연한 동경은 시간만 건너뛰어 십여 년의 허송세월만 지나갔다. 뜨거운 중동의 나라 열사熱沙에서 땀과 맞바꾼 저축한 자금이 바닥을 치지만 아직 하산下山을 기대하기란 무리다.

다시 기공의 본토인 중국을 방문하면서 기대감은 한껏 부풀어졌다. 마침내 중국기공의 대부 왕력평의 문하에서 사사받기를 6개월, 기대와는 다르게 특별한 기氣의 감응은 없었다. 모두들 언어의 장벽과 외국생활에서 오는 부담감으로 기공유학생활을 접고 개인 사정이 허락한 동료들과 함께 설악산으로 다시 향했다. 이곳은 국내 중국기공의 본산인 00학회의 수련장이 있는 곳이다.

1년 6개월의 설악산 수련생활을 접고 가벼워진 호주머니만 만지작거리며 다시 일상으로 돌아설 수밖에 없었다. 동료회원들 중 몇몇은 기공수련의 진수를 얻기 위해 고군분투한 모 교수의 부자父子와 아직도 연락을 주고받는다 했다. 훗날 "우리가 얼마나 어리석은 짓을 했는지 알게 된 건 한참을 지난 뒤였다

고……" 하는 소식이 들렸다

하지만 되돌아갈 수가 없다. 심기일전하여 부산 금정산 중턱에서 텐트생활을 계속한다. 영남의 선찰禪刹 중에서 대표격인 범어사 뒤편에서 산기운과 선찰의 기운을 독식하겠다는 마지막 열정은 6개월을 지난 후 또다시 접어야 했다. 이유는 같았다. 설악산 수련생활을 접은 결정적 사건은 환청이었다. 중국 기공의 단전호흡은 숨의 길이가 관건이다. 들숨과 날숨의 길이가 3분 이상을 지속하는 능력이 회원들의 부러움의 대상이었는데, 이제는 귀신의 목소리인 듯 환청이 들린다. '생각을 죽여라, 죽여!' 하며 들리던 환청이 이제는 눈을 감기만 해도 '죽여라! 죽여라! 죽여라!' 하며 귀신목소리인 환청이 막무가내로 들려온다."

수련장을 방문한 그의 모습은 40대 후반의 나이에 걸맞지 않게 피골상접이다.

"서점가에서 만난 스승님의 저서는 제게 광명의 빛, 그 자체였습니다. 어리석은 질문입니다만 빙의령에서 벗어날 수 있는 방법은 확실한가요?" 다짐하듯 물어오는 피골상접한 눈빛에는 아직 두려움이 서려 있다.

"김 선생, 식사를 제때하지 않습니까? 왜 그렇게 말랐습니까?" 걱정스럽다 못해 안쓰럽다.

"하루 일종씩과 선식을 한 연후에 몸이 말랐지만, 그래도 설악산 수련현장에서는 설악산 다람쥐로 통할 정도로 날렵했습니다. 설악산 겨울의 얼음바위를 썰매 타듯 달렸으니까요." 채식위주의 식단을 은근히 자랑하는 눈치다.

"빙의령을 이겨내기 위해서는 충분한 영양식이 필수입니다. 하루 세 끼를 제시간에 맞춰 골고루 영양을 섭취하는 게 좋습니다. 육신은 지기地氣를 받아야만이 건강을 유지할 수 있죠. 건강한 육체만이 빙의령을 이길 수 있는 거죠. 본인도 10년 동안 내내 생식가루만 먹고 지낸 적이 있습니다만 남은 것은 영양실조와 빙의령뿐이었지만요." 그러면서 회복하는 데 3년의 시간을 허비했음을 함께 부연 설명했다.

"수행인은 육식을 삼가고 채식을 강조할 필요가 있지 않습니까?"라며 생명존중사상을 넌지시 피력한다.

"네, 생명의 존귀함은 이 세상 무엇과도 바꿀 수 없습니다. 불가佛家에서는 해충까지도 필요인연설을 강조하며 한 마리의 모기나 파리도 쫓아낼 따름이지 죽이지는 않죠. 그러나 고의든 아니든 육신을 보존하기 위해서는 예외가 있을 수 있죠. 더욱이 재가자들은 종족보존의 의무를 가진 이상 채식만 주장한다는 것은 조금 무리가 따릅니다"라며 본인의 산 경험들을 가감 없이 설명했다.

"재가자들의 성性생활에 대해서 여쭙고 싶습니다. 고견을 경청하겠습니다." 자연스럽게 대화가 이어졌다.

"본인 역시도 고행과 금욕을 우선시하고 30여 년을 수행에 매진하였지만, 지금 이 자리에서 말씀드릴 수 있는 것을 다행스럽게 생각합니다. 부처께서 말씀하신 수행자들이 삼가야 할 두 가지 극단을 전하고 싶네요. 첫째는 세속의 향락이며, 두 번째는 고행이죠.

물론 재가자들 역시 금욕이나 금식은 필요하다고 인정하지만, 그렇다고 가정에 파탄이 올 정도로 기피하거나 성욕을 억제하는 일은 오히려 역작용을 일으킬 수가 있다고 생각합니다. 적당한 부부생활은 오히려 수행의 활력을 도울 수도 있겠죠. 단 부부 외의 관계는 도덕적인 문제도 있지만, 그것보다도 상대의 탁기가 어느 때보다 심하게 역류되어 빙의령의 온상이 되는 탓에 규탄의 대상이 됨은 당연하겠죠.

'중용지도中庸之道'란 너무 한쪽으로 치우치기 쉬운 독단을 경계하는 지혜입니다. 음식을 예로 들면, 소식小食이 아무리 좋다 해도 지나치면 영양실조와 골밀도에 막대한 영향을 미치고 있음을 알 수 있듯이, 어디까지가 건강을 위한 식사량인가의 문제입니다. 반대로 몸에 좋은 음식은 입맛을 돋우게 되죠. 그러나 맛이 있다고, 혹은 몸에 좋다고 하여 그 양이 지나치면 오히려 독毒이 된다는 사실은 평범한 진리죠. 과유불급過猶不及이라, 무엇이든 지나치면 모자람보다 못하다는 사실입니다."

중국기공술

기氣수련에는 중국 도가道家의 기공수련법이 주류를 이룬다. 허나 선禪을 중시해야 할 불가의 스님들이 기를 연마함으로써 선불교를 난처하게 하고 있다. 기공氣功 수련가들이 현재 사용하고 있는 소주천, 대주천 등의 용어는 도가道家 양생술의 연단법에 나오는 용어일 따름이다. 중국 고대의 의서醫書인 『황제내경』에 기록된 침구학의 원전에는 경락과 경혈이론만이 있을 뿐이다.

도교道敎는 노자를 교조로 하고 『역경易經』, 노자의 『도덕경』, 장자의 『남화진경南華眞經』 등으로 되어 있는 도장道臟을 경전으로 삼는다. 그리고 한편 신선사상을 받아들여 불로장생술을 구하고 부적과 주문(符呪), 기도, 의념의 호흡수련 등이 중국기공의 모체다.

도교는 후한後漢 말 장도릉張道陵을 개조開祖로 삼고 있다. 그 당시 이미 불교의 교법도 가미된 일종의 종교로 중국인의 신앙생활에 깊숙이 자리 잡았다. 그러나 1949년 공산당이 중화민국을 선포한 이후, 유물론의 사조에 밀려 도맥이 완전히 끊어지다시피 했었다.

최근에 깊은 산속에서 명맥을 유지하던 도교의 수행인들이 기공氣功으로 이름을 바꾸어 국내 전통 차력술처럼 격파술과 기공치료 등으로 활동하고 있다. 이들은 '승려 출신 유화양의 『대성첩요』'에서는 부처님도 선도仙道를 수련하여 득도한 금선인金仙人이라 주장한다. 하지만 불가佛家에서는 구나함모니 부처님을 오역한 것으로 주장하고 있다. 구나함모니 부처님은 (金仙人, 金寂靜이라 번역함) 현재 현겁의 두 번째 부처님으로 선도와는 전혀 관련이 없다는 견해다.

중국기공의 특징은 서구의 심리치료요법과 비슷한 자기최면을 기본골격으로 하고 있다. 다시 말하면 의념수련을 핵심으로 하는 자기최면식 기氣수련법이다. 손바닥에 불덩이가 있다고 강력한 의념을 일으키면서 상상의 그림 속에서 기氣를 만들어낸다. 이것을 하복부의 단전에 모아 인체의 임·독맥을 유주시켜 소주천을 완성하는 것으로 소약을 만들어낸다. 이것을 다시 300회 주천하여 연단시켜 대약을 만들어 가슴의 중단전에 올린다. 중단전의 대약은 마침내 백회로 이동하면서 또 다른 제2의 나를 만들어 이미지로 형상화하여 삼 년을 어린이에게 젖을 먹이듯 조련한다. 삼년유포다. 그리고 출신出身이다. 강력한 의념의 이미지의 형상을 3년간 조련시켜 손오공의 도술처럼 제2, 제3의 나를 출신시켜 바람을 부르고 구름을 부른다고 주장한다.

이는 마치 SF소설의 한 장면인 듯하다. 하지만 신기하게도 의념수련의 비법을 따라가면 기氣를 체험하고 단丹의 이물감과 뜨거움이 전달되면서 소약이 만들어지는 듯하다. 그러나 아직 단丹을 조련시켜 또 그것을 출신出身하여 신통을 부린다는 이적기사는 없다. 오히려 의념의 기氣수련으로 접신된 맹신자로 전락하면서 대부분 정신질환에 노출된다. 졸저에 등장하는 뇌출혈로 고생하는 선승이 대표적인 경우다. 그분 외에도 두뇌질환을 일으켜 건강과 재산을 잃고 맹신의 그늘에서 빠져나오지 못하여 결국 유명을 달리한 일들이 비일비재하다.

인간의 뇌는 신비하게도 어떠한 암시를 지속적으로 전달하면 전두엽에서는 그에 상응하는 현상의 그림인 환영幻影을 실제로 느끼고 체험할 수가 있다고 보고되고 있다. 이러한 현상은 최면술의 한 부분이기도 한다. 최면의 임상보고에 의하면 불에 덴 '화상火傷의 암시에 의한 최면요법'으로 몸에 실제의 화상흉터가 만들어질 수 있을 정도라니, 우리의 상상력을 뛰어넘는다.

광개토대왕의 비문

김 사범의 구도열은 환청에서 벗어나기 위한 몸부림에다 기수련의 광적인 면이 포함되어 있다. 십수 년 간 하루 8시간 이상을 중국기공의 의념수련에 매진하였다니 안타까울 뿐이다. 정진이 중요한 것이 아니라 어떻게 하는 방법론이 문제다. 본회의 수련법은 기교나 기법이 전혀 없다. 오직 자연스럽게 마음을 집중하여 정신통일을 유도하는 것을 기본으로 한다.

자기최면이나 의념의 기수련은 주술과 다름없는 흑마술로 접신接神을 유도한다. 접신이란 귀신에 빙의되는 현상이다. 수행이란 마음을 스스로 집중하는 정신통일, 그리고 마음을 내려놓는 방하放下, 마음공부를 중요시한다.

하지만 흰 천에 물감이 쉽게 스며드는 것과 같이 반대로 오염이 된 상태는 그것을 지우는 일이 급선무다. 먼저 과거의 수행법을 모두 거부하고 부정하는 것이 먼저다. 오로지 '구하거나 의지하지 말며 상을 짓지 않는' 일반적 무심無心이 아닌 무위無爲의 정신통일이다. 무위라면 어렵게 들리지만 기교가 없는 자연스러움이다. 수식관 호흡을 명상의 기본 틀로 삼고 '먼저 할 일을 맨 먼저 한다'는 개념과 한두 시간의 트레킹이 최상이다.

인체는 자연의 일부분으로 평범한 육체의 움직임에서 기운氣運을 일으켜 생명력을 기른다. 생명력이란 사기와 탁기를 걸러내는 자동 시스템이다. 혹시 잘못된 수행법으로 사기가 침입하면 악마술을 거부하는 강한 자의식과 운동을 통한 자정능력만으로도 충분히 소멸 가능하다.

"자정능력을 키우는 방법은 무엇인가요?" 중국기공에서 숨을 길게 들이쉬고 내쉬는 것이 공력을 대변하듯 무슨 특별한 비법을 기대하는 눈치다.

"자정능력이란 내면의 맑음으로 정신일도가 가져오는 초자연계의 에너지죠. 그것은 맑음의 에너지로서 확장되고 증폭되면 법력으로 바뀌게 되죠. 마음을 집중하는 행위는 우리 인간의 '자유의지'로 시작되지만, 기법이나 기교가 사라진 정신통일은 나의 의식이 관여하지 않는 '신성한 무관심'으로 육신에 '묘한 촉감'을 선사하게 되죠. 묘촉의 첫 번째 신호인 자력과 같은 에너지의 현상이 손바닥의 노궁혈에서 한의학의 경혈이론과 함께 나타나게 되죠.

하느님의 은총을 기원하거나 부처의 가피를 생각하면 자연의 흐름인 묘촉을 체험할 수 없죠. 그들이 주장하는 은총이나 가피는 생각이 만들어내는 염력念力으로 일종의 종교적 암시니까요. 그리고 기공수련가들이 주장하는 기氣 역시도 '기의 상相'으로 느낌은 같을 수 있겠지만 연속해서 일어나는 묘한 촉감과는 다르죠. 정신통일은 내가 없어지는 과정으로 나의 의식이 쉬게 되면(인위가 사라지면) 그때 비로소 자연과 교감하면서 맑음을 경험하고 경혈의 존재를 인식하게 되죠.

손바닥에서 일어나는 자력과 뜨거움에서 기운氣運을, 그리고 가슴의 답답함과 뒷목의 불편함에서 경혈의 막힘을 동시에 실감하게 되죠. 이들이 모두가 묘한 촉감의 일부로서 심장병이나 경추의 왜곡이 경혈의 막힘이면서 또 카르마의 본체죠."

기氣의 느낌과 답답함이 묘한 촉감이라는 용어의 차이점을 새롭게 설명하면서 이들을 다시 유한에너지(기)와 무한에너지(맑음)로 구분할 수 있음을 말한다.

"기공수련과 선禪의 차이는 무엇이라고 말할 수 있습니까? 스승님 역시도 기수련을 토대로 정진하지 않았습니까?"라며 졸저의 내용을 언급한다.

186

"처음에는 누구나 같은 길을 가지만 구도求道의 단계가 수평이 아닌 수직으로 되어 있음을 인식할 때 기수련에서 선禪의 길로 나서게 됐죠. 기공술氣功術의 에너지는 한계가 있으나 선禪의 법력은 한계가 없죠. 다시 말하면 종교의 기도나 자기최면의 암시가 우리의 의식을 활용하는 집중이라면, '신성한 무관심'인 의식의 통제에서 나오는 집중이야말로 진정한 선이라 말할 수 있죠. '달을 가르치는 손가락도 없다. 오직 달뿐이다. 부처도 없고 조사祖師도 없다. 깊은 침묵의 선禪은 인위人爲가 개입되지 않은 – 기교나 비법이 없는 – 관법과 지혜롭고 올바른 정진이어야 한다. 선이란 언어를 세우지 않는 불립문자인 것을!'

이에 비하여 기공의 의념수련이나 기복적 종교 암시는 두뇌를 세뇌시키는 암묵적 자기최면이죠. 기복종교의 가르침은 대중을 위해서 필요한 것이지 고급수행자를 위한 수행체계는 아니죠. 따라서 암시가 없는 정신통일만이 맑음을 얻을 수 있고, 그때 묘촉이 나타나면서 우주의 첫소리, 관음觀音을 득할 수 있죠. 관음이야말로 최고의 기운氣運이며 최선의 법력이죠." 관음은 맑음의 척도임을 부연 설명한다.

기공수련으로 십수 년을 보낸 뒤끝이라, 아직도 모든 것을 기공으로 해석하는 경향이 많이 남아 있다. 지난날 수행이 좋아 공부를 도외시했던 중졸 학력의 자신이 도심道心을 일으키는 모습이 한심스럽다며 평범하지 못한 본인의 사유思惟에 대한 갈등을 자주 토로하곤 했다.

"도道는 지식수준과는 아무 관련이 없습니다. 옛 불가佛家에서는 오히려 무학無學이 대각을 이룬다고 글자조차도 가르치지 않았다고 합니다"라며 위로의 덕담을 건네지만, 가끔씩 나서는 언행言行은 주위의 눈길을 받는다.

독대수련 중이다. 환청의 빙의령이 떠난 후론 일취월장이다. 쉼 없는 구도심은 백회개혈과 함께 관음을 득하고 지난 생의 카르마를 녹이는 고급수행자의 반열에 있다. 하지만 매번 독대수련 시마다 가슴의 혈들이 심하게 막혀 있다. 상대 가슴의 답답함이 전해온다. 오늘도 전날과 유사한 중국 어느 시대의 화면이 펼쳐진다.

'으리으리한 저택의 지체 높은 대갓집의 서재다. 빈틈없는 서재의 책들은 당대 최고의 문인을 증명하듯 일필휘지로 갓 써놓은 비석문이 여러 개 늘려 있다. 비단으로 차려입은 정승의 얼굴이 김 사범의 얼굴로 클로즈업된다.'
전날에는 화려한 마차와 어여쁜 여인들을 동반하고 호수 위에서 뱃놀이하던 중 여흥에 취해 물속으로 텀벙- 하고 빠지는 장면이

이태백의 시구詩句를 연상시키더니만······.

또 장면이 바뀐다. 광개토대왕 비문의 글씨가 익숙하다. 본인의 작품임을 알리고 있다. 그리고는 잘 차려입은 비단옷과 머리 위의 관冠의 매무새는 정승의 반열을 의미하고 있다. 선정에 들어 구도의 길을 재촉하고 있다. 텔레파시가 전해진다.

'지식은 구도와는 관련이 없는 것, 알면 알수록 깨달음과는 거리가 멀다. 다음 생에는 일자무식꾼으로 몸을 받아야 이룰 수 있을 텐데······!'

우리가 알고 있는 저편의 세계는 서원이 난무하다. 금생에 복을 지으면 다음 생에 부자로 태어나고, 집착이 강하면 여성으로 환생한다고 한다. 구도의 열정은 죽음 직전에 새로워지는가 보다. 금은보화가 무슨 소용이 있으며, 권력과 명예가 영원하지 않다는 것을 우리는 너무나 잘 알고 있다. 인생이란 빈손으로 왔다가 빈손으로 가는 것임을 알게 되는 것은 바로 죽음 직전일 것이다. 우리 모두는 빅뱅에서 태어난 별의 자손들. 우리는 과거에 신神이었기에 신이 되는 길을 알 수 있다. 그것이 구도의 길이라는 것을.

사라센 왕국

구도求道에 관심을 가지는 사람들 중 의외로 영적靈的인 장애를 겪는 이들이 다수 있다. 특히 젊은이들 가운데는 정신계를 동경하다가 빙의에 시달리는 이들이 종종 있다. 이유가 어떠하든 간에 모두가 지난 생과 연관되어 있는 사건들과 깊은 관계가 있을 수 있다.

구미가 고향인 한 씨는 30대 중반에 본회에 입회하여 지금 현재 6년간 정진 중이다. 건축 관련 일을 하는 육체노동인지라, 시간도 많이 낼 수 없고 피곤하기도 해 올바른 명상시간을 낼 수 없다며 핑계 반 푸념 반이다. 그래도 빙의에 시달리는 탓에 바쁜 와중에도 일주일에 한 번 정도는 꼭 수련에 임하고 있다. 1회 참석만으로 일주일 동안은 편안하게 보내는 것 같다. 지금은 그나마 안정적이지만 첫 만남의 기억은 별로 떠올리고 싶지 않을 정도로 영적인 장애가 심했다.

"선생님, 제 옆에 서성대는 귀신이 보이시는지요? 지하철에서 달라붙은 귀신인데 어떤 여자에게서 옮아왔거든요. 선생님을 뵈니이제 조금 얌전해졌어요. 아, 이제 좀 살 것 같아요!"

웬 뚱딴지같은 귀신타령일까 싶어 미소로 응대한다. 허나 본인은 다시 정색을 하며 사연을 털어 놓는다

"밤마다 여자 혼령이 유혹하는 사랑놀이에 홀려 정情을 빼앗긴세월이 수 년! 이러다가 미쳐버릴 것 같아 온갖 수단을 강구했습

니다만 무용지물이었지요. 그러다가 선생님의 저서를 만난 이후 조금 편했었는데, 또 예전처럼 괴롭힐까봐 이번에는 불원천리하고 방문했습니다. 선생님, 저 좀 살려주세요!"

"글쎄요, 이곳은 도道를 닦는 곳이지 귀신을 내쫓는 곳은 아닌데 잘못 찾아오신 것 같네요."

"아이쿠! 선생님 저도 도를 닦고 싶습니다. 그런데 길을 잘못 들어 귀신타령을 하게 되었어요. 뿌리치지 마시고 제게 기회를 주세요."

지난 5년간 항심恒心을 가지고 나름 열심히 정진한 덕분에 마침내 백회를 열고 관음을 득했다. 드디어 올봄에는 인당혈과 뒷머리 뇌호혈로 연결되는 원통터널을 완성하고 빙의령의 굴레에서 차츰 벗어나 고급수행자의 행렬에 동참하게 되었다. 그래도 가끔씩 등장하는 카르마는 참석 시마다 전이되면서 필자의 가슴을 진하게 압박하면서 통증을 수반한다.

주말에 열리는 단체수련 시간이라 어느 한 회원에게만 집중할수 없다. 그러나 유별나게 짓누르는 압박감에 저절로 관觀이 된다. 가슴 한복판에서 두 줄의 흰 옷을 입은 영혼들의 행렬이 백회를 향해 전진한다. 마치 구더기가 스멀스멀 두 줄로 기어가는 듯한 광경이다. 집중하면서 관을 해본다. 이런 실례의 말씀! 사라센 왕족의 대대손손이 천도되어 가고 있다.

일월 전 어느 날, 한 씨의 전생이 화면으로 펼쳐진다. 화려한 흰색의 의상과 함께 머리에는 터번을 두른 사라센의 왕의 얼굴이 한 군과 클로즈업되면서 겹친다. 검게 그을린 현재 모습과는 달리 화려한 의상과 치장에 어울리는 카리스마 넘치는 지도자의 당당한 자태다. 한 군이 사라센의 왕이라니!! 놀라운 사건이다.

전생의 화면은 필자만 볼 수 있는 주관적인 상황이다. 그래서 함부로 얘기를 끄집어낼 수 있는 입장이 아니다. 무당이나 접신자들도 전생을 볼 수 있다고 주장하는 것과 다름없기 때문이다. 그러나 다행히 본회 회원 중 전생 장면을 확인시켜주는 법사들이 몇 분 있다. 성경 속『사도행전』에서 소개된 방언이나 그것을 해석하는 능력과 유사하다.

성령의 강림

마침내 오순절이 되어 신도들이 모두 한 곳에 모여 있었는데, 갑자기 하늘에서 세찬 바람이 부는 듯한 소리가 들려오더니 그들이 앉아 있던 온 집안을 가득 채웠다. 그러자 혀 같은 것들이 나타나 불길처럼 갈라지며 각 사람 위에 내렸다. 그들의 마음은 성령으로 가득차서 성령이 시키시는 대로 여러 가지 외국어로 말을 하기 시작하였다. 그때 예루살렘에는 세계 각국에서 온 경건한 유다인들이 살고 있었다. 그 소리가 나자 많은 사람들이 몰려들었다. 그리고 사도들이 말하는 것이 사람들에게 저마다 자기네 지방말로 들리므로 모두 어리둥절했다. 그들은 놀라고 또 한편 신기하게 여기며 "지금 말하고 있는 저 사람들은 모두 갈릴래아 사람들이 아닌가! 그런데 우리는 저 사람들이 하는 말을 저마다 자기가 태어난 지방의 말로 듣고 있으니 어찌 된 셈인가? 이 가운데는 마르티아 사람, 메대 사람, 엘람 사람이 있는가 하면 메소포타미아, 유다, 갑바도기아, 본도, 아시아에서 온 사람들도 있고, 프리기아, 밤필리아, 에집트, 또 키레데에 가까운 리비아의 여러 지방들도 있다. 그리고 로마에서 나그네로 온 유다인들과 유다교에 개종한 이방인들이 있고 그레데 사람들과 아라비아 사람들도 있다. 그런데 저 사람들이 지금 하느님께서 하신 큰 일들을 전하고 있는데 그것을 우리는 저마다 자기네 말로 듣고 있지 않는가?" 하고 말하였다. 이렇게 모두 놀라고 어안이 벙벙하여 "도대체 어찌 된 영문인가?" 하며 웅성거렸는데 그 중에는 "저 사람들이 술에 취했군!" 하고 빈정거리는 사람들도 있었다.

_「사도행전」 2;7~13

고급수행자인 법사들의 몸에서 일어나는 전율과 피부에 돋아나는 소름의 촉감으로 객관성을 확인할 수 있는 것이다. 그래서 언제나 전생의 장면들을 보면 필자는 확인을 시도한다. 고명 법사와 박 원장, 그리고 강 사범과 김 소장에게 진위를 물어보는 것이다. 법사들의 전율과 특이현상으로 전생의 장면임을 인정할 때 전생 얘기를 시작한다. 어떨 때는 역사적으로 아주 세밀히 정확한 설명이 곁들여져야 알 수 있을 때도 있다.

이번에도 예외가 없다. 일주일 전부터 확인 작업을 하고 있다. 문자나 전화통화, 그리고 대화중에라도 관심 없는 듯 슬쩍 둘러서 설명해도 그들은 확인이 가능하다. 문자나 전화통화, 그리고 대화중 직선적인 아닌 관심 없는 얘기처럼 둘러서 설명해도 그들은 확인이 가능하다. 물론 어떤 때는 장황한 설명 이후에 느낌을 확인하는 경우도 있다. 이러한 일들은 본인이 가진 지식이나 선입관이 느낌을 방해할 때다.

다시 전생 얘기로 돌아가자! 그럼 한 씨는 사라센 왕국의 시조였나……?

수행 후 도담을 나누는 시간이다. 약간의 다과를 들면서 한 시간의 피로를 푼다.

"선생님, 오늘은 태양혈로 빙의된 영혼들이 천도되던데요. 너무 많이 빠져나가서 시원하다 못해 현기증 비슷한 증상이 잠깐 있더군요."

한 군의 후일담은 본인의 수행력을 대변한다. 모두들 부러운 눈치를 보이고 있는 듯하다.

개선문

외과 의사인 박 원장의 수행 속도는 가히 타의 추종을 불허한다. 불과 1년 미만에 '빛의 터널'을 완성하고 고급수행자의 위치를 탄탄히 굳혀가고 있다. 묘촉妙觸과 묘용妙用을 영적으로 보듯이 세밀하게 지적하며, 맑음의 변환과정을 하루가 다르게 체험하며 수행의 즐거움 속에서 보내고 있다. 일주일에 2회 수련장 방문은 또 다음 단계의 진행 체험의 계기가 된다. 깊은 침묵의 정진 속에서 오늘도 상대방 가슴의 멍울이 필자에게 전이된다. 무엇을 의미하는 걸까?

지난 주일에는 『서유기』에 등장하는 손오공의 머리에 끼운 압박형 원형장치처럼 빙 둘러져 있는 게 가장자리에 두통을 유발하던데 아직 뒤 화면으로 연결되진 않는다. 손오공의 화신인가……? 일반적으로 전생의 화면은 가슴깊이 맺힌 멍울이 풀려나면서 화면을 만든다. 그 속도가 서서히 밀려오면서 지루하게 만치 통증이 지속되는 경우가 대부분이다. 그러나 박 원장의 카르마 멍울은 너무 쉽게 풀린 탓으로 화면과 연결하기가 힘들다. 오늘도 아니나 다를까, 옆머리 쪽으로 두통이 일어나면서 화면이 진행된다. 앞이마 옆의 한 부분에 송곳으로 찌르는 듯한 통증이 전해진다. 그리고 출혈이 보인다. 앗! 어디서 많이 본 듯한 월계관이다. 아니 가시관인가……? 아님 면류관!

"스승님, 갑자기 옆머리가 찌르듯이 두통이 있는데요? 무슨 화면을 보셨어요?"라고 물어오는 질문에 감히 언급하기 힘든 화면이라 다시 집중하기를 권한다.

첫 번째 전생의 장면을 마주한 지 1여 년, 며칠 전 박 원장과 수행 중에 파리의 개선문이 보인다. 독립문이라고 생각해야 하는데 텔레파시가 개선문을 지적한다. 개선문은 나폴레옹 시대의 작품이다. 그렇다면 나폴레옹? 그러나 본인의 얼굴이나 모습이 보이지 않고 황량한 모습의 개선문이 자꾸만 클로즈업된다. 그렇다면 전생에 개선문을 건축한 기사였던가? 전생의 화면은 어떤 내용 설명을 수 회에 나누어 전개되는 경우가 보통이다.
그리고 필자가 기억하는 지식의 범위 안에서 설명하기도 하고, 또 어떤 때는 다른 매체를 통해서 그 의미를 짐작하게 한다. 예컨대 TV나 서적을 통해 이해를 증폭시켜 화면 속의 내용을 정리하게 한다. 이 또한 다음 화면을 기대할 수밖에 없다.

새벽녘 역류성 식도염 증상이 또 나타났다. 박 원장이 출석하는 수련 전날에는 저녁을 조심해야 한다. 밀가루 음식이나 저녁산행 후 막걸리 한 모금도 금물이다. 평소에는 전혀 그렇지가 않는

데, 유독 수행 약속이 잡히면 새벽에 증상이 나타난다.

아침 공기가 서늘한 10월 중순의 아침이다. 압구정동에 위치한 병원 출근길을 앞당겨 오전 7시 반에 도착한다. 갑자기 가슴 부위가 심하게 막혀온다. 수련장 가까이 도착했나 보다. 박 원장 위장에 문제가 심각한가? 서로가 마주보고 깊은 명상에 든다. 상초上焦인 머리의 중앙부위에 야포野砲가 정렬해 있다. 또 중초中焦인 가슴에 포신을 자랑하며 야포가 선명하게 보인다. 야포의 단조로운 모양새가 그 시대를 대변하는 듯하다.

"가슴이 답답하세요?"

"평소에는 별로였는데 스승님과 마주하면 답답함이 강해집니다. 무슨 화면을 보셨어요?"

"네, 가슴과 머리에 두 문의 야포가 장전되어 있습니다. 누굴 의미하시는지 알겠지요?"

"아! 스승님 전율이 온몸을 찌르듯이 스치고 지나갑니다. 전생이 나폴레옹이었나요?"

서로가 눈으로만 의사를 교환한다. 황망하기도 하고 신비롭기도 하고, 심지어 우울하기까지 한 묘한 분위기가 실내공기를 휩쓴다. 개선문은 나폴레옹이 로마건축물을 모방하여 승전보를 기념한 작품으로 설립하라는 지시를 내렸지만, 끝내 본인은 그 건축

물을 보지 못하고 실각한다. 그래서 전생의 화면에 썰렁하고 황량한 개선문의 모습으로 등장했는가 보다…….

어느 날, TV 히스토리채널에서 바이킹을 주제로 한 연속물이 방영되었다. 바이킹의 활동시기와 그 주변 국가들의 근황들을 설명하는 대목에서 놀라운 장면을 목격하게 된다.

잉글랜드 왕자를 대동한 영국 귀족들이 로마교황청을 방문한다. 교황의 알현은 잉글랜드 왕자에게만 부여된다. 교황은 왕자를 극진히 대접하면서 교황청의 최상급 보물 상자를 보여준다. 귀한 보물이라 느껴지듯 화려한 보물 상자들 중에서도 제대로 돋보인다. 마침내 베일에 싸인 보물 상자 안에는 뜻밖의 물건이 나타난다. 반짝이는 대형 보석이 아니라 너무나 단순한 물건이 화면에 비친다. 가시나무의 부분 조각이다.

"왕자님, 이것은 예사로운 물건이 아니올시다. 예수님이 십자가를 짊어지고 머리엔 가시나무의 면류관을 쓰고 처형장으로 힘겹게 올라갈 때의 모습 기억하시죠? 바로 이것이 예수님의 이마에 꽂혔던 큰 가시가 달린 두툼한 가시나무 조각입니다!"

8.

범아일체

부처님의 십대 제자 중 법문 제일 부루나가 스승께 묻는다.
"산하대지가 어떻게 생겼는지요?"
부처가 대답하기를 "한 생각에 이루어지나니."

창조에 대해 언급할 때, 인간의 생각이 신체 내면뿐만 아니라 외부에 있는 물질에까지 직접 영향을 줄 수 있다고 가정한다면 부처가 대답한 '산하대지와 한 생각은' 그 해답이 될 수 있다. 마음의 위대성은 우리가 현실 속에서도 자주 겪는 일이다. 마음이 물질에 영향을 미치는 방식의 한 예로 '신경성 소화불량'이라는 아주 친숙한 현상을 들 수 있다.
공포, 두려움, 분노, 미움 같은 부정적 정서로 인해 의식적인 마음이 곤란을 겪으면 어김없이 그 당사자에게 소화불량 같은 증상들이 나타난다. 그와 비견한 사례로 일상에서 겪는 스트레스가 지나치게 심각해지면 의외의 질환들이 발생한다.

위궤양은 물론 결핵과 심장병, 치아 부식에 이르는 다양한 질환은 바람직하지 않은 의식적 마음의 어떤 상태와 밀접하게 관련된다는 사실이 이미 밝혀진 바 있다. 따라서 마음이 물질에 미치는 직접적인 영향이 신체뿐만 아니라 숲과 나무, 바위 등의 자연계에서도 일어남을 밝히는 일화들이 명상가들이나 신비가들에 의해 속속들이 드러나고 있다.(물론 미신적이거나 비과학적인 일이긴 하지만)

예컨대 명산대찰의 기도도량으로 가는 길목에 세워진 기도처에는 저급령의 에너지가 감지된다. 맑음을 체험해본 수행자들은 그곳에서 두통을 호소한다. 신성함의 상징물인 돌부처에다 기복을 염하다 보니 기도나 서원誓願 시 내뿜는 염력의 에너지는 저급령의 형체인 잡신雜神이 만들어져 있다. 그렇다면 대찰大刹은? 그곳 역시 마찬가지다. 흐르지 않는 강은 썩게 마련이다. 마음이 어느 한 곳에 치중하면 착着이 되고, 집착의 에너지는 저급령의 모습을 갖춘다. 이처럼 세속의 염원은 돌부처나 마을 어귀의 서낭당, 그 어떤 곳에서도 잡신을 만들어낸다.

200

그들과 다르게 '마음을 내려놓은' 수행자들의 선정은 차원이 다른 맑음의 에너지, 법력을 만든다. 에고(我相)를 내려놓은 순수하고 신성한 마음은 '위대한 실체'와 하나가 되는 맑음을 만들어가는 것이다. 이러한 맑음은 에너지로서의 형상뿐만 아니라 나아가 '물체의 생성과 변화의 바탕(substratum)이 되는 재료인 질료'를 통하여 물질세포의 형성을 가능하게 한다. 따라서 물질의 시작도 생각을 통해 존재할 수 있음을 가정할 수 있다.

 자타일여

종교와 수행은 같으면서도 다르다. 진리를 찾아가는 목표는 같을지 모르지만 방법론에서는 전혀 다르다. 종교는 믿음을 통한 결과론을 맞아들이지만 수행은 그 무엇보다도 실행을 통한 과정을 중시한다.
종교와 수행, 실행 중 방법론의 핵심은 의식의 활용문제다. 종교 경전들은 믿음을 통해 얻을 수 있는 앞으로의 행운과 내세적 결과론을 제시하고 있다. 그런 연유로 오직 하나뿐인 하느님을 향한 지향의 기도만 의식적으로 열심히 하면 된다.

그러나 의식을 자제하거나 통제함을 우선하는 수행의 결과물은

'주님의 종'이 아닌 깨달음의 세계다. 불생불멸, 불구부정, 부증불감의 절대계의 묘사는 추상적일 수 있지만, 그 과정은 반드시 구체적이고 객관적이며 이성적이이어야 한다.

그 구체적 과정이 1. 자타일여, 2. 우아일체, 3. 신일일치의 과정을 변환하면서 나타나는 것이 있으니, 바로 단계별 맑음에서 나오는 법력이다. 맑음이 곧 법력이다. 이러한 과정을 바탕으로 서서히 일반적 맑음에서 최고의 순수 맑음으로 변환하는 과정이 자타, 우아, 신인일치로 연결된다.

흔히 맑다는 용어의 의미는 흰색을 떠올리게 한다. 깨끗한 흰색은 그 반대인 검정색으로 객관화하고 더러움의 감정을 구체화한다. 의식을 통제한 집중, 선禪은 맨 먼저 초보적인 맑음을 드러낸다. 마주하는 후학들의 탁기와 병소를 제거하고, 더불어 공간 속의 지박령까지도 감지가 가능해진다. 그러나 아직 영적인 능력은 미진한 편이다.

정진의 시간이 쌓이면 자타일여에서 그 다음 단계의 법력으로, 또 다음 단계의 법력으로 확장되고 끝없는 확장의 질주가 증폭되면서 마침내 순수 맑음의 빛으로 자리 잡는다. 이러한 맑음을 종교에서는 성령, 불성이라 하고 심지어 기수련가들은 기氣라고 표현하지만 기와 맑음은 엄연히 다르다. 수행 초기에는 기가 맑음인 듯해 언뜻 편안하게 느껴지나 수행이 높아져 맑음이 굳건히 자리 잡으면 그 기가 오히려 이물질처럼 불편해진다. 기를 성령이라 말할 수 없듯이 맑음은 성령, 불성으로도 유추할 수 없는 언어도단의 차원인 것이다. 순수태양의 빛, '맑음의 빛'이라는 표현 외에 거론할 수 있는 어휘가 없다.

신성한 신앙의 빛은 너무나 순수해서 특정한 빛은 거기에 비해서 불순하기만 하다. 성인들, 축복의 마리아라는 관념, 인간의 모습을 한 예수 그리스도의 목격조차도 순수한 빛을 보는 데는 걸림돌이 된다.
_ j. j 올리에

종교개혁을 신봉하거나 종교개혁 자체마저도 부정하는 독실한 신자, 평신도의 표현이라 하더라도 이런 식의 표현은 다소 놀랍다. 하물며 성인다운 삶을 살았으며, 17세기에 가장 영향력 있는 종교적 스승 중 한 명인 쟝쟈크 올리에(1608~1657)는 위의 문장에서 언급하듯 그동안 도달한 사람이 거의 없는 의식의 상태에 대해 진솔하게 말하고 있다. 하지만 평범한 수준에 있는 사람들에게는 그는 다른 형태의 앎을 추천하였다. …… 가톨릭과 인도의 영혼 안내자들 대부분도 마찬가지지만, 올리에의 의견에 따르면 신성한 근본바탕의 인격적이면서 화신적인 측면(예수나 부처)만을 이해하는 사람들에게 형상 없는 신(신성한 신앙의 빛)을 숭배하도록 추천하는 것은 어리석은 일이다. 물론 이러한 이론과 실재는 아주 합리적인 태도이지만, 이런 태도를 취하는 데에는 항상 특정한 영적 위험성과 세속의 불이익의 성질이 따르는 것은 불문가지다. …… 따라서 "신은 어떤 속성을 갖고 있으면 절대적 일자가 아니다"라는 표현은 노자의 '도가도道可道 비상도非常道, 명가명名可名 비상명非常名'을 연상하게 한다.

현 선불교의 주류가 되는 임제종의 '살불살조'보다는 약하지만 그 나름 진리의 양보 없음을 보여주는 법문이다. 선禪의 검객 임제선사는 부처를 만나면 부처를 베고, 조사를 만나면 조사를 베라며 패륜(?)의 극치를 보여주는 사자후를 토한다. "석가여래의 가르침은 다른 것이 없다. '수행자가 분별망상에 빠지면 육도중생으로 윤회하면서 고통을 받는다'는 것을 왜 모르느냐! 따라서 부처를 믿는다면 부처상에 빠지는 것"이라고 누누이 설명하고 있다.

"함께 도道를 닦는 여러 벗이여,
그대들이 참다운 견해를 얻고자 한다면 오직 한 가지!
세상의 속임수에 걸리지 말아야 한다.
안으로나 밖으로나 만나는 것은 바로 죽여버려라.

부처를 만나면 부처를 죽이고, 조사를 만나면 조사를 죽이고,
나한을 만나면 나한을 죽이고, 부모를 만나면 부모를 죽이고,
친척권속을 만나면 친척권속을 죽여야만이
비로소 해탈하여 어떠한 경계에서도 얽매이지 않고
인혹人惑과 물혹物惑을 꿰뚫어 자유인이 될 것이다."

조사祖師의 말씀은 살벌하고도 난폭하나 그 내용은 논리적이다. 무無의 자리를 돌파하기 위해서는 생각을 버리고(捨), 한 발 나아가 생각을 죽여서(殺)까지 주관과 객관이 모두 없는 텅 빈 공空으로 마음의 본체를 얻어야 한다. 정말 들으면 들을수록 그럴 듯하다. 허나 이론가들의 말들은 언제나 귀를 황홀하게 하지만 도를 깨치는 과정은 생략되고 그 결과만 무성하다. 무無 자체를 버리고(捨), 또 버리는 것까지 죽이고(死) 주관과 객관이 모두 없는 텅 빈 상태를 말로써만 설명하면서 왜 실체를 전하지는 못하는가? 따라서 그들 역시 결말을 말함과 동시에 그 과정을 설하지 못하고 있다. '신성한 신앙의 빛'이나 '살불살조'나 모두가 결과론이다.

하지만 달마조사의 묘한 작용(妙用)은 자타일여의 시작과 끝을 '항하수 모래알처럼 많다'며 나름 두루뭉술하게 그 과정을 설하고 있다. '나와 남이 하나'라는 자타일여의 작용은 처음에는 상대방의 탁기로 연결된다. 이것은 마치 SF 영화 속에서 등장하는

장면과 같다. 마주보는 상대를 스캔하듯 머리끝에서 발끝까지
의 모든 정보가 묘한 느낌(妙觸)으로 전달된다. 이윽고 탁기를 몰
아내고 맑음을 채우는 전등傳燈의 시작을 동시에 알린다. 그러나
이러한 법력은 카르마의 소멸 이후에 나타난다. 묘한 촉감과 작
용은 객관적이며 구체적이며 이성적이다,

> "내가 만약에 마음의 본체를 알고자 하면
> 다만 일체 선악을 모두 생각하지 아니해야 한다.
> 그러면 저절로 청정한 마음의 본체에 들어가서 지극히 그윽하면
> 묘한 작용(妙用)이 항하 모래 수처럼 많을 것이다."
> _ 『달마어록』

우아일체

본회 회원인 최 법사께서 지난해 공기업자원공사 대표로 재임
시 있었던 일이다. 그해 국정감사 당시 자원분과에 관련된 모 국
회의원의 신기한 체험 한 토막을 소개한다.

현직 모 국회의원의 사무실 데스크 유리 아래에 두 팔을 바닥에
기대고 있는 사진이 진열되어 있다. 그런데 유독 한쪽 팔만 땀에

젖은 셔츠 사진이다. 이스라엘 국회의원과의 상호교류 차 예루살렘을 방문했을 때의 일이다. 예수 그리스도의 수난사의 종점인 예수의 주검이 봉안되었던 성지를 방문했을 때다. 주검이 안치되었던 어두컴컴한 복도 안을 보기 위해 접견소의 문턱을 기대고 무심코 보는 중이었다.

'별스러운 장소를 만들어놓고 성지聖地라고 부르는구나'라며 호기심 반 짜증 반 무심코 기댄 순간 갑자기 오른쪽 어깨 밑으로 땀이 비 오듯 솟아난다. 얼마나 솟아나오는지 셔츠 밖으로 베어 나오고 있다. 그러면서 어디선가 꾸짖는 소리가 들리는 것 같다. "아직도 의심하는냐?"며 환청인 듯 아닌 듯 메아리친다. 신기하게도 다른 팔에는 전혀 물기가 없어 너무나 대조적이다. 그때의 충격을 촬영한 한 컷이다.

"내게 왜 이런 일이 일어났을까요? 이사장님, 의문을 풀어줄 도사 선생을 소개해주세요!"

농담 반 진담 반 대화가 오간다.

현실 속에서 가끔 기적 아닌 기적을 만날 수가 있다. 특히 수피(이슬람의 신비주의)의 기행은 옛 우리나라의 차력사를 방불케 한다. 피부 살갗, 더구나 목 살갗에 날카로운 쇠꼬챙이를 얍!- 하며 기합과 동시에 꽂아서 반대쪽으로 투과한다. 출혈이나 통증을 전혀 느낄 수 없다. 또 마술을 이용한 공중부양이며, 그리고 마귀를 쫓는 구병시식, 제령이라든지, 아무튼 과학적으로 이해가 불가능한 사건을 접할 때면 신비주의를 제창하는 수행자의 입장에서도 당황스럽다.

리차드 모리스 벅(1837~1902)은 영국 태생의 캐나다 정신과 의사다. 그는 영국에 머물던 어느 날, 갑자기 큰 빛과 함께 그가 '우주의식'이라 명명한 초월적인 의식 상태를 경험한다.(백회가 개혈되는 현상과 유사하다) 그날 이후, 역사적으로 이와 유사한 체험을 한 사람들의 사례와 특징을 연구하여 1901년 『우주의식』이란 저서를 펴낸다.

작가는 이곳에서 구도심, 존재의 근원에 관한 언급을 한다. "갑작스럽게 '우주의식'에 접근하는 일은 앎의 내적 절정과 외적 온순함의 방향으로 개인적인 노력을 더 많이 기울이게 만드는 보기 드문 초대일 뿐이다. 많은 경우에는 그런 초대를 받아들이지 않는다.

그것이 가져오는 무아지경의 즐거움 때문에 그런 선물을 높이 평가하는 것에만 그칠 뿐이다. 그리고 그것이 온 것을 향수에 젖어 기억한다. 우연하게도 수혜자가 시인이나 예술가라면 유창한 문장이나 또 다른 방식으로 기록을 남길 따름이다."

자타일여의 개념이 공간속의 한정된 개념이라면 우아일체는 우주와 하나가 된다는 개념과 함께 시공時空을 초월한 지난 생의 일들과 하나가 된다. 기적이나 초현상적인 사건은 시간과 공간을 초월하여 특별한 이들 앞에 나타난다. 이것은 지난 생의 인연과 밀접한 관계가 있다.

따라서 구도심을 유발하는 멋진 계기임에도 불구하고 하나의 추억으로만 간직함은 실로 안타까운 일이다. 위의 두 사건 역시도 그 시대의 주인공과 그들 옆에서 활약했던 당사자 본인의 전생 이야기의 한 편이다.

신비주의란 신통과 초능력을 말하는 게 아니다. 더구나 어느 한 순간에 나타나는 사건의 이벤트가 아니고 정신통일을 통하여 맑음을 만드는 수행과정의 연속일 따름이다.

단 한 번만 겪는 추억의 사건이 아니라 고급수행자들은 선정禪定에 들어 정신통일이 되면 언제나 경험하고 느끼는 현상이다.(머리에 섬광이 비치는 현상은 백회의 개혈과정과 같다. 그러나 한 번의 현상이 아니라 6단계의 경험과 그 다음 과정이 펼쳐진다. 〈백회의 개혈〉에서 재설명)

맑음의 시작은 '남의 아픔이 나의 아픔'으로 전달되면서 탁함과 맑음의 작용이 공간 속에서 전달된다. 상대방의 질병을 감지할 수 있는 능력 역시 맑음에서 나온다. 환자의 질병과 통증부위가 전화나 문자로도 감지할 수 있는 것은 초보적인 영지능력이다. 정진의 시간이 쌓이면 법력의 확장은 공간을 초월하고 시간을 넘나든다.

시간과 공간의 초월이라면 아이슈타인의 공간축소의 기초이론인 웜홀을 떠올리게 된다. 우주의 공간을 축소하여 수백억 광년의 거리를 단시간에, 우주여행을 가능케 할 수 있는 웜홀 이론은 상상 속의 산물이라고 여겨진다. 그러나 지구 반대쪽의 환자를 진단하고 질병을 치료 가능하게 하거나, 혹은 수행의 맑음을 전등傳燈할 수 있는 개념은 우아일체의 과정으로서 웜홀 그 자체다. 러시아 심령과학자들의 '토션장(torsion field)' 이론과 유사하다

러시아 과학자들의 연구

러시아 과학자들은 물리학자 데이비드 봄의 초양자 포텐셜(물질은 입자와 파동으로 구성됨으로 눈에 보이는 입자 뒤에는 언제나 파동이 존재함)을 '토션장(torsion field)'이라고 불렀다. 구소련에서는 국가적인 과학기술사업으로 비밀리에 토션장에 대한 연구를 진행했으며, 그래서 그 연구내용도 공개하지 않았다. 그런데 구소련이 붕괴되면서 그동안 축적된 토션장에 관한 내용이 부분적으로 조금씩 서방세계에 알려지게 되었고, 드디어 1996년 러시아는 서방세계에 최초로 토션장 연구현황을 공개했다.

러시아는 2차 대전 직후, 독일 나치 시대에 물리학 연구에 관여했던 과학자들이 대거 러시아로 망명한 덕분에 최첨단의 과학기술 부분을 선두하게 된다. 그 중 토션장 이론은 U.F.O(우주미확인 비행물체)와 연결된 과학기술임을 밝힌 바 있다.

토션장 이론에 따르면 우주의 허공은 텅 비어 있는 것이 아니라 토션장이라는 원초적인 에너지로 가득 차 있으며, 이 토션장이 국소적으로 편광되면서 전자와 양자장이 되기도 하고 또 전하와 전자기장이 되기도 하며, 나아가 질량과 중력장이 되기도 한다고 했다. 따라서 전자, 광자, 원자, 분자, 전기장, 중력장 등 존재하는 모든 것은 토션장을 함유하고 있다고 했다.(암흑 물질 이론과 유사함)

또한 토션장 이론에 따르면 스핀 운동이나 회전하는 모든 것은 토션장을 발생시킨다. 따라서 전자, 광자, 양성자, 중성자 등 소립자의 모든 것은 토션장을 발생시킨다. 이렇게 해서 발생한 토션장은 소립자 주위에 오라aura 모양으로 존재한다. 그뿐만 아니라 전기장이나 중력장에도 토션장이 내포되어 있다. 그러므로 토션장이 없으면 그 존재 자체가 사라지는 것이다. 토션장의 특성은 다음과 같이 요약할 수 있다.

1. 토션장의 전달은 통신거리에 관계없이 감쇠하지 않는다.

2. 토션장은 축 대칭이다.

3. 토션장은 빛보다 빠르게 전달된다.(빛보다 최소한 10억 배 빠르
   다. 웜홀 이론과 동일)

4. 토션장은 모든 물체를 다 통과한다.

5. 토션장은 미래뿐 아니라 과거까지 전파될 수 있다.

6. 토션장은 스핀이나 회전의 배열상태로 나타나는 정보를 전송
   하며, 에너지적으로 전송되는 것이 아니라 정보식으로 전송
   된다. 따라서 전송 시에 에너지 소모와 같은 것이 없다.

7. 토션장의 모체는 '물리적 전공(physical vacuum)'이며 따라서
   토션장의 매개체는 '물리적 전공'이다. 여기서 '물리적 전공'
   이란, 데이비드 봄이 말하는 '활성정보'로 가득 찬 우주의 공
   간을 말한다.

8. 토션장에는 시계방향으로 회전하는 우선형과 시계 반대 방향
   으로 회전하는 좌선형의 2개의 극성을 가지는데, 같은 극성끼
   리는 끌어당기고 다른 극성끼리는 반발한다.

9. 하나의 토션장은 다른 토션장과 상호작용해 회전상태를 바꿀
   수 있다.

10. 토션장의 정보는 주변 환경에 새로운 형태의 토션장을 유도
    할 수 있으며, 이러한 상태는 준안정 상태로 고정될 수 있기
    때문에 토션장 발생원이 다른 공간으로 이동해도 변하지 않
    은 채 그대로 유지된다. 즉 토션장의 정보가 주위 공간에 저장

되어 흔적을 남길 수 있다.

11. 토션장의 적용상수는 10~50제곱cm보다 작다.

12. 러시아 과학자들은 토션 발생기 개발을 위해 꾸준히 연구해 왔으며, 지금은 여러 가지 제작법들이 알려져 있다. 그뿐만 아니라 토션장 검출장치의 개발에 관해서 많은 연구를 해왔다. 토션장은 매우 미약하기 때문에 검출이 어려울 수밖에 없는데, 지금은 몇 가지 방법이 개발되었다.

이와 같이 토션장은 인공적으로 발생시킬 수 있을 뿐만 아니라 토션장을 측정할 수 있는 방법까지도 개발되어 있으며, 많은 분야에서 다양하게 응용되고 있다고 주장한다.

신인일치

맑음의 첫 번째 여정이 자타일여이며, 두 번째가 우아일체다. 그리고 맨 마지막 맑음의 정점이며 최후 목적지가 신과의 합일인 신인일치神人一致다. 힌두교의 브라흐만과 아트만, 불교의 본성과 자성의 관계, 본래 주체에서 분리되어 나온 객체가 다시 본 자리로 회귀함을 의미한다.

신神이란 무엇인가? 천지를 창조한 조물주다. 저급령인 잡신雜神을 말하는 것이 아니라 오직 하나뿐인 절대계의 신(God)이다. 신은 어디에 있는가? 하늘에 있는 하느님을 말하고 있는 것인가? 그렇지 않다. 신은 모든 피조물에 존재하며, 따라서 우리의 육신 안과 밖에 언제나 존재한다. 하지만 그러한 논리는 대중적이고 보편적인 내용이다. 정진의 시간이 쌓여 맑음의 마지막 단계에 들어서면 신의 영역과 공간이 겹쳐진다.

신학과 모든 종교는 우주론적인 차원에서 창조의 원시신화를 공통적으로 갖고 있다. 일반적으로 가장 많이 알려져 있는 것으로는 『성경』의 창세기에 나타난 내용이 압권이다. 창조주란 개념은 다신교를 포함한 여러 종교들에서 공통적으로 나타난다. 더욱이 일신교는 모든 것을 감시하는 인격신의 개념을 내포하고 있다. 이것은 유태교나 기독교, 이슬람교의 공통사항이다.

철학의 시조인 플라톤은 현상계에 속하는 모든 물질은 그들의 이면에 있는 고정된 실체가 존재함을 역설했다. '이데아'는 본체本體와 쓰임(用)의 역학관계를 말하는 것으로 현대 기독교의 '창조주 하느님'과 거의 흡사하다. 모든 사물은 하느님이 창조하였다는 설명이다.
그러나 불교에는 전지전능한 신의 개념이 없다. 창조주 역시 없다. 눈과 귀를 갖고 인류를 감시하는 인격신 같은 개념이 전혀 없다. 왜 그럴까? 그 이유는 창조주가 존재하는 것이 아니라 모든 물질은 인연과 상호작용에 의한 자연법칙만이 있을 뿐이란 거다.

다시 정리해보면, 모든 종교의 컨셉은 신神이 아니면 자연법칙이다. 아무튼 우주의 시작을 신의 창조가 아니라 자연법칙이라고 해도 의인화가 된다면 곧 신이 될 수밖에 없는 것이 현대인의 견해다. 신은 우주를 창조하는 법력과 우주를 다스리는 무한한 능력자로 위대한 실체일 수밖에 없다.

"어느 곳에나 똑같이 단순한 실제로 존재하는 신은 그럼에도 불구하고 그 유효성에서 볼 때 이성적 피조물과 비이성적 피조물이 다르며, 악한 피조물과 선한 피조물이 다르다. 비이성적 피조물들은 신이 자신自身 안에 존재한다는 것을 이해할 수 없다. 그러나 모든 이성적 피조물들은 앎을 통해서 그분을 이해할 수 있다. 선한 사람들은 사랑을 통해서도 그분을 이해할 수 있다."
_ 성 베르나르

종교와 철학은 수많은 논리를 동원하여 인간과 신의 관계를 증명하려고 한다. 그렇다. 신을 만나기 위해서는, 신과 하나가 되기 위해서는 조건이 필요하다. 마음이 가난한 자(마음을 비운 자)들만 신과 교류할 수 있다는 것이 정설이다. 먼저 마음을 비워야 하며 스스로 자기를 부정하고 등을 돌려야 한다.

"마음이 가난한 자는 행복하다.
하늘나라가 그들 것이다.
슬퍼하는 사람은 행복하다.
그들은 위로를 받을 것이다.
온유한 사람은 행복하다.
그들은 땅을 차지할 것이다.
옳은 일에 주리고 목마른 사람은 행복하다.
그들은 만족할 것이다.
자비를 베푸는 사람은 행복하다.
그들은 자비를 입을 것이다.
마음이 깨끗한 사람은 행복하다.
그들은 하느님을 뵙게 될 것이다.
평화를 위하여 일하는 자 행복하다.
그들은 하느님의 아들이 될 것이다.
옳은 일을 하다가 박해를 받는 사람은 행복하다.
하늘나라가 그들의 것이다."
_「루가」 6:20~23

신인일치는 신과 하나가 되는 맑음의 최고 과위다. 그러나 애석하게도 마음을 내려놓거나 혹은 비운다고만 해서 객체에서 주체로의 환원은 불가능하다. 모든 종교의 선각자들이 당연하다는 듯이 결과론을 말하지만 절대 그렇지 않다. 유위법과 무위법의 등장처럼 수행의 첫걸음마부터 마음을 내려놓는 그 순간까지, '구하거나 의지하거나 상을 짓는' 종교의 지향성의 결과는 하늘과 땅 차이로 벌어진다.

"지극한 도는 어렵지 않음이요
오직 간택함을 꺼릴 뿐이니
미워하고 사랑하지 않으면
통연히 명백하리라.

털끝만큼이라도 차이가 있으면
하늘과 땅 사이로 벌어지나니
도가 앞에 나타나길 바라거든
따름과 거슬림을 두지 말라."
_『신심명』

어떻게 해야 하는가?

종교는 믿음을 선행한다. 신심이 종교인의 근본도리다. 그런 연유로 지향성을 요구한다. 예수나 하느님, 부처나 창조주 이슈라바를 향한 열정적 기도와 묵상이 신의 빛으로, 깨달음의 빛으로 다가선다고 주장한다. 하지만 종교와 수행은 다르다. 수행이란 종교의 믿음이 아닌 깨달음을 향한 의지다.

중국 명나라 구여직瞿汝稷의 『지월록指月錄』은 제목에서 의미하듯 '달과 그것을 가리키는 손가락'을 통해 깨달음을 향한 수행과정을 비유하는 상징적인 조사어록이다. '달을 보라, 손가락이 아니다!' 수행을 해야 하는 이유도 중요하지만 어떻게 하느냐가 최대 관심사다. 그래서 수행의 방법론은 지나치게 강조해도 무리가 없다.

남악선사(677~744)는 중국 당唐나라 때 선풍禪風을 크게 일으킨 마조도일의 스승이다. 그는 6조 혜능을 15년간 시봉한 대도인이다. 남악이 반야사에 머물고 있을 때의 일이다.
어느 날 법당에 들어가니 한 건장한 젊은이가 참선參禪을 하고 있었다.

"여보게 젊은이 거기서 무얼 하고 있는가?"

이 젊은이가 바로 마조선사다. 그는 자세를 흩트리지 않은 채 대답하였다.

"예! 참선을 하고 있습니다."

남악이 몰라서 물어본 것이 아니라 그의 마음 그릇을 알아보기 위해서이다.

"참선을 해서 무엇 하려는가?"

젊은이 입에서 거침없이 나오기를 "예, 부처가 되렵니다."

그리고 잠시 후 법당 섬돌에 남악이 기왓장을 갈기 시작했다.

이제는 젊은이가 남악에게 물었다. "스님, 거기서 무엇을 하십니까."

남악이 대답하기를 "기왓장을 갈지."

"기왓장을 갈아서 무엇 하시렵니까?"

"기왓장을 갈아서 거울을 만들려고 하지."

마조는 그 소리를 들으니 어이가 없다 못해. 저런 바보 스님이 다 있나 싶었다.

"스님, 기왓장을 아무리 간들 거울이 될 것 같습니까? 쓸데없는 일 그만하시고 조용히 하십시오. 기왓장 가는 소리에 시끄러워 참선도 못하겠습니다."

그러자 남악이 젊은이에게 물었다. "젊은이 그대는 참선을 하면 부처가 될 것 같은가? 그대야말로 기왓장을 갈아서 거울을 만들려는 나보다 더 어리석네 그려!"
그 소리에 마조는 깜짝 놀라며 일어나 남악 앞에 무릎을 꿇었다.

조사들의 비유는 장쾌하나 날카롭다. 유위법과 무위법의 대조는
지구 어느 종교에서도 언급되지 않는 최상의 법문이다. 도가道家
의 무위자연과 맥을 같이 하지만 '실천의 행行'으로 깨달음의 결
과를 설명하는 불교의 위대성은 모든 수행자들의 정신적 지주
다.
모든 종교의 기도가 신심과 지향을 둔 유위법이다. 현 한국불교
역시 다르지 않다. 신심과 분심과 의심을 강조하는 간화선의 화
두는 의식을 활용하고 동원해야 하는 유위법이고, 의식을 긴긴
밀밀하게 긴장시키는 위빠사나 역시 유위법의 앞잡이다. 조사들
의 사자후는 허공에 메아리치지만, 깔끔하게 다려 입은 승복의
소매 깃은 공空을 노래한다.

무위

무위無爲라 함은 아무것도 하지 않는 것으로 이해할 수도 있지만
그것보다는 한 차원 높은, 인간의 언어가 단절되는 절대 진여眞如
의 세계다. 그것은 현상으로서 나타나 있는 존재가 아니라 존재

의 근원과 마찬가지로 규정이 없다. 따라서 절대적인 것이며 무한정적인 것이다. 그것은 언어에 제약당하지 않는 세계다. 바꾸어 말하면 무위란 인간의 의식이 작용하지 않는 행위, 자연 스스로 이루어지는 것을 말한다.

중국 철학에서 도가道家가 제창한 인간의 이상적인 행위로서 무위는 자연법칙에 따라 행위하고 인위적인 작위를 하지 않는다. 한편 유가儒家는 목적 추구의 의식적 행위인 유위有爲를 제창했다. 하지만 도가는 유위를 인간의 후천적인 위선·미망迷妄이라 하여 이를 부정하는 무위를 제창했다.

또 역설적으로 '위무위爲無爲 즉무불치則無不治', '함이 없음을 행하면 되지 않음이 없다'며 무위에서야말로 완성이 있다고 주장했다. 그 뒤 도가만이 아니라 유가도 무위를 인간의 의식을 초월한 고차적인 자연행위, 완성적 행위라고 생각하게 되었다.

"須菩提! 於意云何? 如來得阿耨多羅三藐三菩提耶? 如來有所說法耶?
수보리야! 네 뜻이 어떠하뇨? 여래가 과연 아뇩다라삼막삼보리를 얻은 것인가?
여래가 설한 바의 법이 과연 있는 것인가?

須菩提言: "如我解佛所說義, 無有定法名阿耨多羅三藐三菩提, 亦無有定法如來可說.

수보리가 사뢰었다. "제가 부처님께서 설하신 바의 뜻을 이해하기로는, 아뇩다라삼막삼보리라 이름할 정해진 법이 없으며, 여래께서 설하실 만한 정해진 법이 있을 수 없습니다.

何以故? 如來所說法, 皆不可取不可說, 非法非非法.

어째서 그러하오니이까? 여래께서 설하신 바의 법은 모두 취할 수도 없고 말할 수도 없고, 법도 아니며 법이 아닌 것도 아니기 때문이오이다.

所以者何? 一切賢聖 皆以無爲法 而有差別"

그 까닭은 무엇이오니까? 일체의 성현들은 모두 함이 없는 무위법으로 이루어져

범인들과는 차별이 있기 때문이오이다."

_ 『금강경』 제7장 무득무설분에서

무위의 법이란 함이 없는 법, 만들어진 것이 아닌 법에 의해서 드러나게 된다는 뜻이다. 무엇이 드러나는가? 사전적 의미는 다음과 같다. 1) 성현들은 절대적인 무위로부터 생겨났다. 생성되었다. 2) 무위의 결과로써 힘 있는 자들이 되었다. 그리고 능동적이

다. 3) 무위에 의하여 우세하게 되었다. 4) 무위에 의하여 걸출하게 되었다. 5) 무위에 의하여 인식된다, 특정 지워진다, 드러나게 된다.

불전佛典에서 무주無住와 무착無着, 무상無想을 요구하는 이유는 '구하지 말고 의지하지 말며 상을 짓지 말라'는 무위의 의미를 전달하고 있다. 따라서 의식을 동원하여 '구하거나 의지하고 상相을 짓는 행위'는 유위법의 한계에 빠질 수밖에 없다.

따라서 기도나 염불은 우리의 의식을 동원해야 하기 때문에 그들은 모두 인위에 의한 것이다. "집착하지 말며 있는 그대로를 보라!"는 불전의 법어는 주관적 의식을 경계하는 경고문이다. 오직 길이 있다면 의식의 통제에서 오는 무위無爲법을 통하여 묘한 촉감과 묘한 작용, 관음법문이 이정표가 될 것이다.

9.

묘한 촉감과 묘한 작용

세존이 이구율나무 밑에서 앉아 계실 때에

장사꾼 둘이 가까이 와서 묻기를

"수레가 지나가는 것을 보았습니까?"

세존이 말씀하시기를 "보지 못했노라."

장사꾼이 말하기를 "수레가 지나가는 소리를 들었습니까?"

세존이 말씀하시기를 "못 들었노라."

장사꾼이 말하기를 "선정이 아닙니까?"

세존이 말씀하시기를 "선정이 아니니라."

장사꾼이 말하기를 "졸지 않았습니까?"

세존이 말씀하시기를 "졸지 않았노라."

장사꾼이 탄복해서 말하기를 "참으로 거룩하고 거룩하십니다.

세존은 깨달아 계시면서도 보지 않았습니다" 하고 비단 두 필을 바쳤다.

부처님이 선정에 든 것도 아니요, 졸지도 않았는데 수레가 지나가는 것을 보지도 못했고 듣지도 못했다……! 이런 일들이 가능한가? 의문을 가질 수밖에 없다. 이것은 분명 자의식의 문제다. 이처럼 '의식이 있는 것도 아니요, 있지 않는 것도 아니다'란 어떤 현상을 말하는가? 바로 이것이 묘촉妙觸 중의 묘촉, 최고의 묘한 촉감이다. 의식이 차마 감당하지 못하고 눈도 뜰 수 없는 강한 빛의 행렬, 언어로써는 도저히 표현할 수 없는 빛의 파노라마에 파묻혀 있었기 때문이다.

불교에서 묘妙라는 글자는 진공묘유라 할 때의 묘妙와 항상 의미적으로 상통하는 글자로, 그것은 선禪수행을 통해서 얻어진 지혜의 표현이다. 통속적 인식을 벗어난, 즉 지혜의 인식을 거친 후에 획득하는 현재의식과는 또 다른 순수의식, 빛의 세계를 의미한다. 가톨릭에서도 불교의 깨달음과 맥을 같이 하는 유명 수도자의 저서가 있다. 그는 십자가의 성聖 요한(st. John of Cross)으로 교회의 가장 위대한 신비가 중 한 명이며, 그의 저서들은 가장 유명한 영성신학의 고전으로 인정받고 있다.

"오랜 수도생활을 통한 수도자들의 의식은
운명적으로 자신의 바탕이 되는 그 존재의 빛을 자신 속에서
나타낸다.
그것은 신의 빛과 하나가 된다고 말할 수 있다."

그러고 보면 불교의 '의식이 있는 것도 아니요, 있지 않는 것도
아니다'란 무의식(무위)의 개념과 성 요한이 말한 이 세계로 들어
오는 모든 사람들을 깨우치는 빛은 매우 일치하는 것 같다.

이근원통

『수능엄경』의 〈이근원통〉 법문은 관세음보살이 깨달음을 얻은
수행법으로 전해진다. 지혜로써 진여眞如의 이치를 깨달은 상태
에 있는 정각을 의미한다. 그리고 그 본질은 원만하여 널리 모든
존재에 두루 통하고, 그 작용은 자재自在하여 거리낌이 없이 모
든 존재에 작용한다는 수행법이다.
모든 존재에 두루 통하고, 자재하며, 작용한다고 하는데, 그 의미
를 알 것 같기도 하고 모를 것 같기도 하다. 흔히 말해서 머리로
는 이해가 되는데 가슴으로는 전달이 불가능하다.

그러나 무위의 선수행에서는 그 구체적인 과정이 전개된다. 앞이마와 뒷머리로 연결되는 빛의 터널은 '모든 존재에 두루 통하고, 자재하며, 작용한다'는 의미를 함축한다. 이러한 빛의 행렬은 결코 추상적이고 현학적 표현이 아닌, 실제 깨달음과 빛의 관계로서 수행의 마지막 단계에서 얻을 수 있는 과위다.

소리법문이란 귀로 듣는 소리가 아니다. 혜지慧智를 통하여만 들을 수 있는 소리의 파장으로 이해하면 된다. 그래서 소리를 듣는 것이 아니라 소리를 보는 것으로 정의한다. 소리는 듣는 것이지 보는 것이라는 어감은 일반적이지 않고 세속적이지도 않다. 육신의 오감이 아닌 영혼의 맑음으로 체득한다는 의미가 되겠다.

이윽고 소리의 파장은 그 밀도가 강해지면서 빛으로 변한다. 빛의 파장은 이마의 제3의 눈을 개안하고, 마침내 뒷머리 옥침혈로 연결된 터널을 개통한다. 귀의 뿌리로 인식되는 소리의 파장인 이근耳根은 뒷머리를 향해 기다란 터널인 원통을 만들면서 빛의 행렬이 시작된다.

물론 처음에 수행자는 원통의 형태만 느껴진다. 그러다가 마치 탄광의 광구가 처음 개통될 때처럼 터널은 거칠고 캄캄하고 어둡다. 정진의 시간이 수없이 지난 후, 마침내 빛으로 가득 채워진

터널의 형태가 인식된다. 빛의 파노라마로 묘촉의 극치가 나타
난다.

이러한 과정에 도달하기 위한 전조적 단계는 오직 정진의 시간
만이 보장한다. 수식관 호흡으로 시작된 집중의 시간은 떠오르
는 생각을 잡고 또 잡으면서 기나긴 깊은 침묵을 먹이로 삼는다.
온갖 세속의 유혹을 물리치고 그물에 걸리지 않는 바람처럼, 무
소의 뿔처럼 혼자서 간다.
침묵의 정진을 외부에서 보면 적적만이 있을 뿐이라 생각하지만
그렇지 않다. 수행자의 내면에는 천상의 음악을 연주하듯 소리
법문은 적적을 독려하며 마침내 빛으로 성성적적을 이루어낸다.
십자가의 성聖 요한은 그 과정을 다음과 같이 서술하고 있다.

"더 높은 영적 경험을 하기 위해 육체와 감각과 눈에 보이는
모든 것들을 부정하려 한다면 그것은 영적인 길을 잘못 생각
한 것이다. 육체의 집을 편안히 쉬게 하는 감각의 어두운 밤은
기껏해야 신중한 시작일 뿐이다. 진정으로 어두운 밤은 영적
인 밤이다.
이 영적인 밤에 더 높은 형태의 모든 통찰과 지성의 주체가 스
스로 어두워지고 빈 채로 있게 된다. 어떤 인상이나 느낌도 섞
이지 않는 것으로서가 아니라 지식도 없고 더구나 초자연적인

것을 알 수도 없는 공허뿐이다."

십자가의 성 요한이 더 높고 더 많은 신비한 지식을 얻기 위해 육체와 감각들을 부정하도록 가르쳤다는 생각은 잘못된 것이다.(신비를 부정하는 가톨릭 입장에서도 묘촉을 있는 그대로 받아들이라는 설명인 듯하다.)

그것과는 달리 오히려 그는 '신의 빛'은 그것을 받아들일 주체가 없는 공허 안에서 빛난다고 가르친다. "실제로 이 텅 빈 공허에 이르는 명확한 길은 없다. 길에 '들어서는 것'이 곧 길을 '잃어버리는 것'이다. 왜냐하면 길 자체가 공허(無爲)이기 때문이다."

초발심의 집중은 의식이 주主가 된다. 의식의 집중에서 한 발 나아가면 의식이 '있는 것도 아니요 있지 않는 것도 아닌' 집중이 관법이 된다. 의식을 초월한 관觀은 무의식이 아니라 '신성한 무관심', 나와는 전혀 무관한 순수의식이다.

이러한 순수의식을 '십자가의 성 요한'은 공허라고 표현한 듯하다. 이곳은 의식이 개입되지 않는 무위無爲의 세계로 자연만이 흐름을 같이할 수 있다. 관觀은 묘촉을 유발하고, 묘촉은 삼매를 유도한다. 삼매는 자아의 의식이 없는 몰아沒我가 시작점이다.

그러나 집중의 정신통일은 그렇게 만만치 않다. 육체를 가진 이상 육신의 간섭 - 생각에서 결코 벗어날 수가 없다. 온갖 생각의 틈바구니에서 마음의 본체를 찾아가는 길은 정진, 또 정진뿐이다. 그리고 이들은 시간과 비례한다. 이윽고 작은 묘촉에서 점점 완성의 묘촉(제3의 눈)으로 옮겨가는 현상을 묘한 작용이라고 달마조사는 말하고 있다.

묘한 작용

道可道 非常道 길이라 하면 길이 아니요
名可名 非常名 이름이라 하면 이름이 아니다.
_『도덕경』

去去去 中智 行行行 理覺
가고 가고 가는 중에 알아지며
행하고 행하고 행하면 깨달아진다.
_『선도요결』

길 없는 길이 있다면 바로 수행의 길일 것이다. '길에 들어서는 것이 곧 길을 잃어버리는 것이다'라며 방향감각을 기대하지 말고 무조건 '무소의 뿔처럼 혼자서 가라!'며 수행자를 독려한다.

그러나 한편으로 생각하면 너무 막연하고 추상적이다. 이때 달마조사의 묘용은 깨달음을 향해 가는 구체적인 과정을 설정하면서 항하의 모래숫자만큼 다양한 현상들이 일어남을 암시한다.

"내가 만약에 마음의 본체를 알고자 하면
다만 일체 선악을 모두 생각하지 아니해야 한다.
그러면 저절로 청정한 마음의 본체에 들어가서 지극히 그윽하면
묘한 작용(妙用)이 항하 모래 수처럼 많을 것이다."
_『달마어록』

선禪이란 맑음을 배양하는 지름길이다. 맑음은 통찰력으로 이어지면서 법력으로 재탄생된다. 선의 통찰력을 어떤 정신적 정화작용으로 얻을 수 있는 추상적이며 주관적 경험일 것이라고 생각하기 쉽다. 그러나 주관적이 아닌, 구체적이고 객관성이 있으며 또한 이성적이다. 불전佛典에서는 법력에 대한 구체적인 설명을 이렇게 말한다.

"먼저 자신의 마음을 청정하게 하고 나서
다른 사람도 청정하게 해주며,
먼저 자신이 피안으로 건너가
다른 사람도 건너게 해주며,

먼저 자신이 해탈하고 나서

다른 사람도 해탈케 해주며,

먼저 자신이 니르바나에 도착하고 나서

다른 사람도 니르바나에 도착케 하는 것이 불력佛力이다."

'삼라만상이 공이며, 태어나지 않았고, 다만 인과법칙 너머에 있는 것일 뿐'이라는 불전의 구절들은 범신론적이거나 형이상학적 추론의 결과라고 생각할 수도 있을 것이다. 그러나 선의 통찰력은 심리학적 용어로 묘사될 수 없지만 그 과정은 객관적으로 설명이 가능하다.

선을 신비주의로 매도할지언정 '소리법문과 빛의 행렬, 그리고 이근원통!' 또 그 중간 여정인 '백회의 개혈, 제3의 눈'이 모두가 불전에 기록된 묘한 작용의 결과물이며 앞으로 전개될 업業의 소멸을 주도하는 동력원으로 수행의 핵심인 것이다.

백회혈

흔히 백회혈百會血을 논하면 한의학이나 기수련을 연상하게 된다. 하지만 티벳의 불교에서는 관정灌頂, 백회의 개혈을 암시하는 의례가 핵심이 되어 전해지고 있다. 한편 한의학의 침구비결에 의하면 '죽음 직전에 4관혈을 치고, 숨이 떨어진 후에는 백회를 심자하라'고 한다.

침구학에서는 백회를 자극하는 것만으로도 생명을 연장할 수 있다고 기술되어 있다. 하물며 백회의 개혈은 육신의 건강은 물론 자연치유력을 증폭시키고 면역력을 확장시켜 만성병이나 불치병을 완치할 수 있다는 것은 당연한 일인지도 모른다. 그뿐만 아니다. 영혼의 그늘, 퇴마는 물론 윤회의 부산물인 업의 소멸을 스스로 주도하는 역할을 주관한다.

신입회원인 독일계 미국인 스티브(60세) 씨와의 동양의 명상에 관한 대담을 수록한다.

서구의 명상은 마인드 컨트롤(mild control)과 워칭(watching), 그리고 동양의 기氣수련을 대표하는 치센(중국어, 氣禪) 등으로 대부분 알고 있다. 지금 우리가 거론하는 불교의 선禪은 현 불교가 주장하는 템플스테이-참된 나를 찾아 떠나는 여행과는 사뭇 다르다. 그들과 다른 이유는, 불교가 내세우는 선을 말하는 것은 동일하지만, 그것이 유위의 선이냐 무위의 선이냐에 따라 결과가 십만 팔천 리 달라지기 때문이다.

종교의 기원은 신의 섭리로 규정하는 일신교(기독교, 유대교, 이슬람교)와 물질로서의 인연을 강조하는 자연법칙(자이나교, 불교)으로 나눌 수 있다. 유위법이란 인간이 만들어낸 신神을 향한 기도와 묵상이다. 그에 반해 무위법이란 자연에 순응하는 무위자연無爲自然을 표방하는 것이라 할 수 있다. 그 중심에 불립문자로 표현된 선禪이 자리하고 있다. 그것이 그것처럼 들리지만 명상의 끝머리에서는 하늘과 땅 차이의 견해가 만들어진다.

다들 자기가 하는 수행법만이 무심법이며 무위라고 주장을 한다. 그러나 달마조사의 묘한 작용과 백회의 개혈을 언급하지 못한다면 무위법을 말할 자격이 없다.

동양의 한의학은 기氣를 주제로 12경락과 360경혈 치료법을 시술하고 있다. 특히 머리끝 정수리 백회의 경혈은 완성을 의미하는 것으로, 하늘의 기운을 받아들이는 천문天門이다. 사람의 육체는 모든 것에 한정되어 있는 탓에 일상의 과로는 질병으로 연결되어 결국 생을 마감하게 된다.

이처럼 한정된 육체의 기운은 하늘의 기氣, 천기를 받아들임으로써 천인天人으로 탈바꿈할 수 있어 질병에서 일어나고 동시에 초능력과 신통을 구사할 수 있다고 전해진다. 그래서 동양의 기수련과 인도의 요가(사하스라라 챠크라)는 백회의 개혈을 모두 으뜸으로 하고 있다.

하지만 백회의 개혈에 대하여 국내는 물론 국외, 특히 챠크라를 전문적으로 다루는 인도에서도 실제적으로 알고 있는 스승이 존재하지 않는 것이 오늘날의 환경이다. 명상의 유용성에 관한 연구논문은 허다하지만, 고대로부터 전해 내려오는 백회의 개혈비법은 사라진 지가 오래다.

오래전, 30여 년 전쯤 국내에서 백회의 개혈을 자기최면으로 전수한다는 신문광고가 수행자들을 유혹한 때가 있었다. 하지만 최면이나 염력으로는 백회를 절대로 개혈할 수 없을 뿐 아니라, 만약에 그들이 주장하는 최면을 신봉하면 그 후유증이 심각하여 결국에는 정신질환과 연결된다.

본회가 운영하는 인터넷 수행 카페에서 간혹 어떤 이들이 백회의 개혈을 문의해 오지만 백회의 개혈은 6단계별로 나누어져 있어 한두 단계의 개혈로는 아무 의미가 없다.

유위와 무위를 거론하는 이유가 여기에 있다. 신神을 향한 지향성 기도나 의식의 집중에서 나오는 염력 혹은 자기최면으로 백회를 개혈할 수 없는 이유는 유위법으로 진행되는 명상이기 때문이다.

간혹 초능력을 떠벌리는 기공사들이 등장하지만 백회의 개혈과는 무관한 영적인 에너지로 무장한 접신接神된 자들이다.

무속인의 주술이나 혹은 특수한 기법으로 연마하는 의식의 집중은 간혹 초능력을 보여주기도 하지만 모두가 영적인 에너지로서 혹세무민이 목적이며 또 언제나 한계가 있다.

무상정등정각-깨달음의 길이 있다면 유위법의 반대인 기교나 기법이 없는 무위법의 명상으로 '구하거나 의지하지 말며 상을 짓지 않는' 선禪수행뿐이다.

그러나 10~20년, 아니 평생을 투자해도 백회의 개혈을 보장할 수 없는 이유가 있으니 그들이 곧 카르마의 등장이다. 카르마란 무엇인가? 그것은 윤회설의 근본으로 지난 생의 빚이다. 윤회설은 초기 유대교와 기독교에서도 진리로 받아들인 사실이 있다는 학설도 있지만 확인할 수는 없다.

하지만 동양의 문화나 정서는 윤회설이 진리나 다름없다. 더구나 필자도 수십 년간의 나 홀로 수행경험에 의하여 카르마의 존재를 인지하게 된다. 그리고 그것이 영적인 세계와 연결되어 있으며 백회의 개혈, 가동 유무와 연관되어 있음을 알게 되었다.

백회의 기능은 천기의 출입문으로 대천문으로 일컬어지지만 지금까지 알려진 바와 달리 또 다른 기능이 존재한다. 처음에는 천기天氣의 출입문 역할을 하지만 정진의 시간이 쌓이면 백회는 카르마를 발굴하고 용해하여 그들을 내보내는 역할을 한다는 사실이다.

다시 말해 업장소멸이 이루어지는 초기수행의 현장은 백회가 주관한다는 것이다. 그러나 백회가 개혈된다고 해서 언제까지나 가동된다거나 영원히 열려 있는 것은 아니다. 고로 백회의 개혈과 가동은 다르다는 뜻이다.

한동안 시원한 박하향이 언제나 두정에서 시원함을 유지하던 어느 날, 갑자기 넥타이로 목을 조르듯, 꽉 낀 옷을 입은 듯 답답함이 전해지면서 백회는 막히고 목 전체가 무거운 철갑을 두른 듯 힘겹다. 웬일인가? 되풀이해보지만 백회의 가동은 깜깜 무소식이다. 다시 수식관으로 정진해보고 또 산길을 왼발, 오른발 하며 다녀보지만 백회의 개혈은 가능성이 전혀 보이지 않는다. 조바심도 내어보고 무관심으로 몇 날 며칠을 보냈지만 결국 백회는 미세한 움직임조차 없다.

길을 잘못 들어 접신接神이 된 건가? 노심초사해본다. 하지만 '응무소주 이생기심'이라, 배부른 사자가 얼룩말 보듯 어제와 같은 정진만 있을 따름이다. 마침내 보름 만에 다시 백회가 가동된다. 얼마나 반가운 일인가! 그러나 백회가 또다시 막히고 가동되는 일이 몇 개월 동안 끊임없이 되풀이되었다. 이런 현상 속에서 백회가 막히기 전에는 언제나 가슴이 찢어질 듯 답답한 통증이 전중혈(유중의 한 가운데 경혈)을 기점으로 해서 유발된다는 사실에 카르마의 존재를 확실히 알게 되었다.

카르마를 비행기의 블랙박스라 칭하는 이유는 우리의 지난 생의 언행이 에너지로 밀봉되어 세세생생 이월되고 있기 때문이다. 그들은 가죽처럼 질기고 돌덩이처럼 단단하게 굳어져 있다가 적절한 시절인연과 마주치면 슬며시 나타나 노병사老病死 윤회의 쳇바퀴를 돌리는 것이다.

백회로 유입된 천기는 신령스러운 맑음을 만들며 그 무엇으로도 녹일 수 없는 카르마를 발굴하고 녹일 수 있다. 초자연계도 물리의 법칙을 따라 용해된 그들을 밖으로 내보내야만 한다. 그러나 카르마의 본체는 영혼의 세계, 영혼의 에너지라 쉽게 내보낼 수가 없다. 매듭은 풀렸지만 영적인 에너지는 발악적으로 대응하면서 육체에 머물기를 주장하며 밖으로 내보내려는 신령스러운 맑음과 한바탕 대결이 붙는다.

카르마가 영적 에너지화되면서 끈적거리는 액체와 기체의 중간 상태로 변하면서 백회를 당차게 막고 가동을 중지시키며 버티기 하는 동안 신령스러운 맑음은 조금 조금씩 얽힌 매듭을 풀어나 간다. 이것이 업장소멸이다.
이때쯤 영혼의 세계를 인지하게 되고 지난 생의 전생장면인 영적인 장면도 볼 수 있어 제3의 눈이 개안되기도 한다. 물론 관음과 원통터널의 다음 과정이 기다리고 있지만 '시작이 반'이듯이 백회의 개혈은 다음 단계의 신령스러운 맑음으로 진입하게 된다.

백회의 개혈은 신비주의로의 행로만 있는 것이 아니라 육체적으로 젊음과 상승의 무공을 경험하게 된다. 또 전공하는 분야에서 특출한 감각과 예지력이 발달하여 주변인들은 물론 스스로를 놀라게 하고, 나아가 가족의 안위와 타인의 질병을 다스릴 수 있는 맑음의 법력을 후학들에게 전등 가능하게 된다.

그렇다면 백회의 개혈은 수행으로만 가능한 것인가? 지금까지 서양에서는 백회의 개념을 몰랐던 걸까? 그렇지는 않다. 갓난아이의 잠자는 모습은 마치 하늘나라 천사가 내려와 잠이 든 것과 같다. 뽀얀 살결이며 예쁜 미소, 새근거리고 자는 표정은 보는 이로 하여금 빙그레 미소를 띠게 한다. 헌데 숨을 쉬는 모습이 예사롭지 않다. 숨을 쉴 때마다 아랫배 전체가 조용히 움직이며 그것도 부족하여 두정의 백회혈이 소록소록 연체동물처럼 움직인다.

서양의학의 견해로는 호흡은 폐肺의 역할로 가슴부위로 숨을 들이쉰다. 하지만 원래의 숨은 유아들의 숨처럼 복식호흡이 정석이다. 그리고 두정호흡은 하늘의 기운을 받아들이는 주체다. 두정의 백회혈은 하늘과 통하는 통천문으로 천기天氣를 받아들이는 출입구다.

천기란 생명의 3대 요소인 공기, 물, 태양과 달리 기운으로 통칭되는 생명력으로 오감이 발달되기 이전 생명보호 장치이다. 천기란 과연 존재하는 것인가? 이것의 물음은 다음 장에서 현대물리학으로 다시 설명하고자 한다. 백회혈은 자아가 발달하는 아동기 무렵(초교 3~4년쯤) 천기와 단절되면서 자연적으로 가동을 멈춘다. 그 시기에 비로소 자아가 서서히 형성되고 이성과 감정이 자리 잡으면서 주관적인 '나', 에고가 만들어진다.

『달마어록』의 묘한 작용(妙用)의 한마디는 무위법에서 일어나는 과정-백회의 개혈, 관음법문, 제3의 눈, 원통터널의 단계별 업장소멸-을 설명하는 유일한 법문이다. 우리가 알고 있는 업業의 소멸은 보시布施·지계持戒·인욕忍辱·정진精進·선정禪定·반야바라밀般若波羅蜜 등 6바라밀의 결과물로 여기고 있다. 그러나 묘한 작용은 결과물 이전에 업장이 소멸되는 과정을 소상히 표현한 말이다. 이처럼 묘한 작용은 업의 소멸을 주도하는 백회혈의 개혈을 중심으로 펼쳐진다.

오랜 깊은 침묵의 정진은 아상(에고)을 내려놓으면서 주관적 의식(분별심)의 소멸을 촉구한다. 하지만 침묵의 정진은 그렇게 만만치 않다. 항시 생각의 너울에서 헤매며 자책하지만 무위자연은 기대치 이상으로 맑음을 선사한다. 마침내 맑음은 첫 번째 묘촉을 선사하며 백회의 개혈을 서두른다.

두정에 전달되는 압박감과 송곳처럼 파고드는 깜짝 통증이 어느 날 갑자기 시원함으로 변하는 시점, 백회의 개혈이 시작된다. 기氣수련과 한의학의 경혈이론에도 이와 비슷한 논리를 주장하지만 그들의 의념수련(자기최면기법)과는 전혀 다른 '함이 없는 함', 곧 무위에서 나오는 묘한 작용의 시작점이다.

불가佛家에서도 도道가 높은 선승들이 머리끝 두정頭頂이 발달한 것을 육괴라 칭하며 존경의 대상으로 삼는다. 수행으로 한평생을 바친 선승의 모습에서 맑음과 함께 육안으로 나타난 두정의 불룩한 모습은 경외敬畏심을 불러일으킨다.

도가道家에서는 천문(백회)이 개혈되면 상승의 무공을 펼치며 『소녀경』에서 언급되는 접이불루, 곧 궁중의 뭇 여인들 가슴을 설레게 하는 남성들의 희망봉인 교접을 하되 누설하지 않는 경지를 가져온다고 주장하지만 백회의 한두 단계 개혈만으로는 어림도 없다.

백회의 개혈은 단계별로 여섯 개의 층을 이룬다. 각 층의 단계는 모두 지난 생의 카르마와 연결되어 있어 의념이나 자기최면의 염력으로는 절대 불가하다. 오로지 무위의 정진에서 나오는 맑음의 법력만이 6단계별 완성을 이룰 수 있다. 그러나 한 번 개혈

됐다고 해서 영원히 활동하는 것은 아니다. 오직 원통터널 수행자만이 자신과 후학들의 개혈을 보장할 수 있다.

선가仙家에 의하면 백회가 열린 고급수행자는 선계仙界에 등록되어 선인으로서 거듭나고 수호령이 항시 육신을 보호한다고 전해져오고 있다. 이러한 일은 불의의 교통사고나 천재지변 등으로 한치 앞을 내다볼 수 없는 위험에 직면한 현대인에게는 정말 희소식이 아닐 수가 없다.

이처럼 백회의 역할은 천기의 출입구로서 육체와 영혼을 초자연적인 힘으로 무장하면서 만성병, 불치병을 자가自家 치료할 수 있는 대체의학의 용광로로서 그 활동은 무궁무진하다. 특히 지난 생의 카르마 소멸을 주도하면서 깨달음의 완성을 향해 매진하는 선禪수행자들의 맑음의 시작점으로서, 윤회의 부산물인 업을 녹여 분해하여 내보내는 출구가 된다.

양자파동장과 영점장

현대물리학에서도 인체의 면역체계를 높여 건강을 향상시키는 신비한 역할을 주도하는 존재들의 작용들이 밝혀지고 있어 귀추가 주목된다. 그러한 논문들을 소개한다.

인체 내의 양자 파동장은 우주공간에 존재하는 영점장 에너지를 흡수하는 기능을 한다고 연구논문들은 설명하고 있다. 인체의 양자파동장과 영점장이란 무엇인가? 물질은 세포, 분자, 원자로 세밀화된다. 물질의 마지막 구성요소인 원자를 쪼개면 원자핵을 중심으로 빛의 속도로 회전하는 전자들을 발견할 수 있다.
이러한 소립자는 입자인 동시에 파동으로, 물질인 동시에 비물질로 분류된다. 고로 원자로 구성된 모든 물질은 눈에 보이는 입자뿐만 아니라 또 눈에 보이지 않는 파동이 존재하는 것이라는 게 현대물리학계의 정석이다. 이러한 파동을 양자 포텐셜 혹은 양자 파동장이라 한다. 그리고 영점장은 현상계의 존재를 가능하도록 만든 '위대한 실체'의 창조력을 의미하는 것 같다.

* 인체 내부의 이온들은 고유의 양자 파동장을 지니고 있으며 이 양자 파동장이 공간의 영점장 에너지를 생체 내부의 3차원 공간으로 직각으로 회전하면서 들어오게 해준다는 연구 보고서가 있다. 이 연구에 따르면 영점장 에너지는 3차원 공간을 무작위로 지나가고 있지만 우리들에게는 아무런 영향을 주지 않는다. 그러나 공간의 구조가 90도 꺾이는 특별한 조건이 주어지면 영점장 에너지가 우리들의 3차원 공간 속으로 들어올 수

가 있다고 했다. 다시 말하면 생체 내부에 존재하는 이온들이 가진 양자 파동장이 공간의 구조를 90도로 꺾어서 공간의 영점장 에너지를 생체 내부로 유도하는 역할을 한다는 것이다.(공간의 구조를 90도 꺾는다는 의미는 백회의 개혈과 같은 의미인 듯하다)

* 세포는 자신이 지니고 있는 양자 파동장이 부족하게 되면 우주 공간으로부터 영점장 에너지를 흡수해 세포의 양자 에너지를 안정시키는 기능을 한다는 연구 보고가 있다. 이때 공간으로부터 영점장 에너지를 흡수하는 현상을 '대칭성 파괴'라고 부르며, 공간의 영점장 에너지를 흡수하는 것은 세포의 양자 파동장이 스스로 결정한다고 했다.

여기서 '대칭성 파괴'란 종파처럼 흐르는 4차원의 영점장 에너지가 90도로 꺾이면서 3차원의 전자기장으로 변환되어 횡파처럼 흐르게 되는 현상을 말한다. 즉 차원이 서로 다른 에너지장으로 바뀌는 현상을 말한다.(한편 고대문명과 U.F.O의 관계를 연구하는 고대외계인 연구가들의 논문에, 고대 사원들의 비밀 공간에 110Hz의 파장이 감지되는 이유 중 하나가 우주의 창조 에너지인 영점장 에너지를 확보하는 시스템일 수도 있다는 견해다)

* 생체조직에는 수많은 액정구조가 있는데 이 액정구조들은 공

간의 영점장 에너지를 흡수하는 역할을 한다는 연구 보고가 있다. 이뿐만 아니라 액정구조는 공간의 영점장 에너지를 흡수한 후에 영점장 에너지를 전자기 에너지로 전환시키는 역할도 한다고 했다. 다시 말하면 공간에서 주어지는 영점장 에너지는 '정보 에너지'이기 때문에 이것이 생체 내부에서 생리적 변화를 일으키기 위해서는 '힘을 발휘하는 에너지'인 전자기 에너지로 변화되어야 하는데, 이때 영점장 에너지를 전자기 에너지로 변환시키는 구조가 반드시 있어야 한다고 했다. 바로 그런 역할을 하는 것이 뇌 및 신체의 많은 부위에서 발견된다는 액정구조라고 했다.(두뇌의 고급경혈(백회, 인당, 태양, 뇌호)이 액정구조와 의미가 통하는 듯하다. 하지만 일반적 액정구조가 아닌 고밀도의 액정구도다)

문 : 두정頭頂으로 기운이 들어오는 것이 느껴지는데, 이는 백회가 열린 것인가요?

답 : 오랜 침묵의 정진은 온몸에 에너지 같은 묘한 느낌을 전달한다. 그들이 기운이든 맑음이든 간에 점점 그 밀도가 높아지면 백회에 저절로 반응이 온다. 압박감과 찌르는 통증이 연속으로 진행되다가 머리끝이 스멀스멀 아지랑이가 피어나는 감이 오기도 하고, 가끔씩 청량한 기운이 들어오는 것 같기도 하다. 그러나 이것은 개혈의 시작이지 완전한 개혈과는 아직 거리가 있다.

백회혈은 6개의 카르마 층으로 존재한다. 카르마의 정복은 수행의 경지를 의미하는 것으로 한두 층의 개혈 정도는 별스러운 의미가 없어 열리는 듯하다가 곧 막혀버린다.

두뇌의 고급경혈(백회, 인당혈, 천목, 태양혈, 뇌호혈)의 구조가 이와 같아 대천문 역시 한 번의 개혈만으로 백회가 열리는 것이 아니다. 6층의 카르마가 전부 해소되어야만 천문天門의 역할을 확실히 할 수가 있다. 그리고 백회의 완성은 기경팔맥의 하나인 충맥으로 연결되면서 관음觀音과 제3의 눈을 개발하는 초석이 된다.

문 : 백회의 6단계 개혈은 수행이 막바지에 도달했다고 간주하면 되나요?

답 : 백회의 개혈은 수행에서의 분기점임에는 분명하나 다음 단계로 도약하는 시작점에 불과하다. 도道의 완성은 카르마의 소멸 이후에 나타나는 것으로 지금부터가 중요하다. 카르마를 녹이기 위해서는 백회의 개혈도 중요하지만 관음을 득해야 하고, 제3의 눈을 개발하고 뒷머리 뇌호혈과 연결되는 원통터널을 완성해야 한다.

비유하면 본성을 둘러싸고 있는 지난 생의 먼지(업장)들은 이미 양파껍질처럼 포개고 또 포개어져 있다. 그것도 모자라 가죽처럼 질기고 돌덩이처럼 딱딱하게 굳어 있어 어떤 방식의 에너지라도 녹이거나 벗겨낼 수가 없다. 오직 길이 있다면 전지전능한 하늘의 기운(天氣)뿐이다. 백회의 가동은 곧 하늘과 통하는 통천문으로 초기에는 천기의 출입구 역할과 카르마를 분해하여 내보내는 출구의 역할을 동시에 한다. 그러다가 제3의 눈이 열리면 출구의 역할로만 바뀐다.

그리고 백회의 개혈과 백회혈의 가동은 다르다. 다시 말해 한 번 개혈이 영원한 가동을 의미하는 것은 아니다. 묵상수행에서 의식의 유무가 염력과 법력으로 구분된다. 영성靈性의 길은 언제나 심연 사이에 존재하는 칼날이다. 한쪽에는 거부와 도피의 위험이, 다른 쪽에는 수단이나 상징으로만 사용되어야 하는 것들을 받아들이고 즐기는 위험이 존재한다.

따라서 의식을 동원하여 만들어낸 염력의 에너지는 영계와 접속하면서 맑음의 정반대 에너지를 생산하다. 백회혈을 통천문, 하늘과 통하는 문이라 할 때의 하늘은 위대한 실체, 로고스이며 순수 그 자체다. 이와는 반대로 탐욕의 덩어리인 인간의식의 생각파장은 순수와는 정반대의 입장이다. 예컨대 의식이 작용하는 집중의 염력은 무위자연의 맑음과는 차원이 다른 에너지인 것이다.

수행이 무위자연으로 흘러가도록 수행자의 의식의 자제와 통제가 필요한 때이다. 의식이 관여하지 않은 침묵의 정진만이 그 다음 단계인 관음과 제3의 눈을 기대할 수 있다.

관음법문

수행자라면 마땅히 맑음을 지녀야 한다. 허나 육신의 맑음은 밖으로 나타나지만 영혼의 순수함은 가름하기가 힘들다. 그 누구도 내면의 맑음을 설명하지 못하면서 오직 계戒를 지키기를 권하고, 선정禪定에 들면 지혜가 저절로 올 것을 기대한다.

수행자가 감내해야 할 지계는 당연하지만 어떻게 선정에 들어가야 할지 방법론이 문제된다. 기도나 염불로 열정을 가지면 누구나 선정에 들 수 있는 것이 아닐까? 결론은 그렇지 않다. 정定에서 혜慧로 진행하기 위해서는 청정이 필수다.

청정은 일반적 무심법이 아닌 '무위의 침묵'만이 영혼의 맑음을 만들 수 있다. 육신의 청정도 중요하지만 참다운 청정은 영혼의 맑음에서 나오는 순수 에너지다. '이곳에 오는 모든 이들에게 평화를!' 청정은 곧 법력으로 나타나 수행의 가치를 높인다.

그리고 청정하면 법력과 함께 나타나는 것이 있으니 곧 관음觀音이다. 오래전 신비의 법문으로 전해져오는 소리법문은 깨달음으로 가는 최고의 비기다. 그러나 소리법문, 관음은 듣는 것(聽)이 아니고 소리를 보는 것(觀)으로 정의되는 법문으로 일반상식으로는 해석이 불가능하다. 그러나 이에 대한 의문을 불전佛典은 다음과 같이 설명하고 있다.

『능엄경』에는 "모든 부처는 이 '음류音流'에 의지하여 내려와 중생을 제도하고, 보살과 중생은 이 '음류'에 의지하여 근원으로 되돌아간다(如來逆流 如是菩薩 順行而至 覺際入交 名爲等覺)"라고 했으며. 관음의 종류를 '범음, 해조음, 승피세간음'으로 설명하고 있다.

『법화경』에도 내면의 소리인 관음에 대하여 종류를 언급하고 있으며, 음류의 존재를 확실히 한다. "이 소리를 만나면 수행인은 업장의 사슬로부터 해방되어, 자유를 찾아 윤회의 굴레를 벗어날 수 있음을 의심하지 말라"고 전해진다.

생물학적이나 물리학적으로는 이해할 수 없는 부분들을 우리는 신비나 영적인 세계로 선을 긋는 것이 보통이다. 그러다 보니 오랜 전통과 그 관습에 매달려 정진하는 선수행자들은 경전 속의 관음법문을 상징적으로만 해석해오고 있다.

마치 육안으로 밤하늘을 관찰하는 전통적 식별방법이 아무리 정교하다 해도, 현대 첨단기기인 허블 망원경이 하늘의 별과 우리 은하계뿐 아니라 멀리 있는 은하계까지도 세밀히 탐색해 알려주는 것과는 극과 극으로 다른 이치다.

결국 유위법과 무위법의 차이다. 일반적 무심이 아닌 무위의 선수행은 집중의 끝자락에서 묘한 작용을 대동하면서 영적인 깨달음의 과정을 객관화한다. 그 첫 번째가 백회의 개혈이며, 두 번째가 관음과의 조우다. 관음은 육신의 청각으로 들을 수 없는 영적인 소리다. 세 번째가 제3의 눈, 그리고 네 번째 정명본체의 과정과 서로 아울러 원통터널이 무위로 연결된다.

그렇다면 청정하면 법력과 함께 나타나는 관음觀音이란 도대체 어떤 것인가? 영적인 소리란 어떤 현상인가? 『능엄경』에 이르기를, 오래전 신비의 법문으로 전해져오는 소리(音)법문은 관세음보살이 깨달음을 얻은 최고의 비기秘記다. 그럼 관세음보살은 실제 인물인가? 그리고 여자인가 남자인가?

관세음觀世音에서 볼 관觀은 올빼미의 상형에 볼 견見이 합쳐 이루어진 글자다. 입구 두 개는 올빼미의 두 눈동자다. 올빼미는 사람들이 잘 못 보는 밤에도 대낮처럼 밝게 본다. 그래서 눈으로 볼 수 없는 정신세계를 들여다보는 것을 관觀으로 표현한다. 시視나 견見을 쓰지 않는다. 그래서 우주나 신을 말할 때 우주관, 신관으로 쓴다.

불교사에 관세음보살이 등장한 것은 서기 1세기 이후로 짐작한다. 원시불교에는 말할 것 없고 대승불교 경전에서도 초기 경전에 속하는 『대반야경』에는 나타나지 않는다. 대승경전에서 후기 경전에 속하는 『화엄경』 입법계품에 선재동자가 관세음보살을 찾아가는 대목이 나온다.

『법화경』 보문품에서는 수호천사와 같은 존재로 그려져 있다. 불속에서 관세음보살을 부르면 불이 얼음처럼 차게 된다. 또 물에 빠져 관세음보살을 찾으면 깊은 물이 얕아지게 된다. 예측불허의 험난한 역사적 순간마다 위기의 인생을 살자니 관세음보살 같은 수호의 손길을 간절히 바라게 된다. 불전에 이르기를, 관세음보살은 천 개의 손과 천 개의 눈을 가진 보살이다. 염원하는 이들에겐 천 개의 눈과 천 개의 손이 징그럽기보다 오히려 자애롭게만 느껴졌을 것이다.

그러나 관세음보살은 우리가 생각하는 인격체의 보살이 아니다. 맑음의 대명사로서 초인격체의 형상을 가지고 수행자의 눈앞에 등장한다. 그때가 관음법문의 전등이다. 관음수행자가 머무는 공간에는 관음의 향기가 진동을 한다. 찬란한 칠색 무지개와 함께 관세음보살의 화신이 언제나 수행을 이끈다.

현실 속에서는 감히 상상도 할 수 없는 일로, 어떤 이들은 모두 지어낸 말이라 믿을 수 없다고 부정한다. 하지만 관음을 득하면 그 장엄함에 이성적으로는 이해가 불가능한 신비에 빠진다. 더욱이 놀라운 사실은 관음수행법은 일세해탈의 법문으로 고대로

부터 비밀리에 전해져 내려와 세계의 모든 종교경전에 반복해서 묘사되고 있다는 사실이다.

굳이 바꾸어 말하면 관음은 우주의 첫 소리, 우주가 맨 처음 만들어질 때 나타나는 하늘의 소리인 옴(Ω)이 바로 그것이다. 불교의 진언(만트라)은 '불타佛陀의 말, 법신法身의 말'을 뜻하며 일명 주문이나 기도문이다. 이들 대부분이 옴으로 시작되는데 그 중 가장 대표적인 것이 6자대진언大眞言 '옴 마니 반메 훔'이다. 이 만트라를 평소에 염송念誦하면 영생의 극락으로 갈 수 있다는 믿음은 소리법문을 잘못 해석한 일례가 될 것이다.

옴(Ω)의 진동파는 범종梵鐘의 맥놀이파波를 통하여 과학적으로 분석되고 있다. 우리가 흔히 접하는 에밀레종의 전설이며, 옛 범종들의 고귀함은 소리의 범상함을 흠모하기 때문이다. 두둥- 하고 들려오는 범종소리는 옴의 파장과 너무 흡사하다.
어느 시절, 옴 진동수가 TV에 소개되어 공해시대를 이겨내는 기적의 물로 각광받았던 때가 있었다. 탁자 위에 물 컵을 놓고 옴-하고 몇 분 동안 암송하면 누구나 면역성이 강한 진동수를 만들 수 있다며 대단한 반응을 일으켰다. 그러다가 이러한 현상은 맥놀이파의 특수한 파장의 결과일 뿐이라는 추측과 함께 차츰 관심이 식어져갔다.

그럼 과연 옴(Ω)과 관음觀音의 관계는 어떻게 설정되는가? 우리는 현대물리학의 이론을 빌려 설명할 수가 있다. 빛은 입자인 동시에 파동으로 이중성을 지니고 있다. 물질의 구성요소인 세포와 분자, 원자에서 보듯이 원자핵과 전자는 물질의 마지막 구성 인자다. 우리가 익히 아는 삼성전자, 엘지전자 할 때의 전자는 그렇게 쉬운 물리학 용어가 아니다. 이러한 전자 역시도 입자인 동시에 파동으로 눈에 보이는 입자와 눈에 보이지 않는 파동의 이중성을 지닌다.

결론적으로 모든 물질의 최초 구성은 원자로 시작되는 것이니, 원자 역시도 파동을 가지고 있듯이 물질 역시도 당연히 파동을 가지고 있다는 것이 정설이다. 범종의 소리는 귀로 들을 수 있다. 하지만 그 파동은 귀로는 들을 수 없다. 하물며 거리가 멀어지거나 시간이 지나면 무無의 상태가 된다.

그러나 우주 창조의 시작점인 빅뱅의 순간, 파동으로 전해지는 소리법문은 맑음의 기초 위에 등장하게 되는 것이다. 영혼의 맑음은 오감을 뛰어넘어 다른 차원의 파동을 감지할 수 있게 된다. 그 소리는 3차원의 물리적인 소리가 아닌 신비와 영적인 세계로 차원이 다른 고차원의 영역이다.

이 소리는 모든 생명의 내면에 진동하고 있으며 우주 전체에 빈

틈없이 꽉 차 있다. 진공묘유의 꽃이며 모든 생명의 근원이다. 이 고차원의 소리는 모든 상처를 치료할 수 있고, 모든 갈망을 충족 시키며, 모든 세속의 갈증을 해소시켜준다. 이는 아주 강력하며, 우주적 사랑 그 자체다. 우리는 이 소리로 만들어졌고 이 소리를 만남으로 인해 마음은 평화롭고 만족스러울 것이다. 이 소리를 들은 후에는 모든 질병과 장애가 서서히 소멸되고, 우리의 인생 관은 보다 올바르게 바뀔 것이다.

선禪에서 관음과 제3의 눈을 반드시 언급해야 하는 이유가 신비 주의의 상징인 소리와 빛이 있기 때문이다. 오직 고급수행자의 맑음만이 그들을 들을 수 있고 볼 수도 있다. 그러나 그곳은 무위 無爲의 산실이어야만 한다.

베트남 출신 비구니 '청해무상사'와 인도 출신 '다카르 싱'을 추 종하는 관음수련 단체가 세계 각국에 명상센터를 이끌고 있다. 국내에서도 200여 개의 지부가 활동을 하면서 영역을 넓히고 있 는 것으로 알려져 있다. '신神을 체험하라'는 등 신비의 캐치프레 이즈를 내세우며 일세해탈을 꿈꾸는 수행인들을 부르고 있다. 어떻게 묵상하고 어떤 방식으로 수행해야 하며 언제 관음을 맞 이할 수 있을 것인가? 등의 구체적인 방법은 뒤로하고, 입회만으 로도 5대 조상들을 해탈시키고 지난 생의 업장을 녹일 수 있는 스승의 가피력을 자랑하고 있다. '완전채식과 생명사랑 정신에 정성을 다하라, 그러면 스승의 가피에 관음을 득할 수 있다'라고 하면서!

그러나 그들의 주장과 관음수행과는 무관하다. 해답은 오직 맑음뿐이다. 하늘의 소리, 관음은 맑음을 증득하면 저절로 나타나는 것이다. 스승의 특별한 가피가 있어서 얻어지는 것은 아니다. 물론 앞서가는 스승의 법력이 맑음을 증폭시켜 도와줄 수는 있겠지만, 완전한 채식이나 또 어떤 생명존중의 사상이 깊이 사무쳐야만 되는 것은 아니다. 수행자의 맑음이 그 수준에 이르면 누구나 자연스럽게 관음을 들을 수 있고 또 볼 수 있다.

베트남 출신의 청해무상사가 말하고, 인도의 다카르 싱 추종자들이 주장하는 관음법문을 현 불교에서는 감히 언급조차 하기를 주저하는 이유가 무엇인가? 유위법과 무위법을 논하면서도 그 실체를 가름하지 못하는 선승들의 목적지는 어디인가?
하지만 그렇다고 그들의 관음법문 주장에 전적으로 동의하는 것은 절대 아니다. 관음의 실체에 대해서는 동의하지만 신비함이나 지고지선의 법문이라 '받들고 상相을 짓는 행위'는 절대로 용납할 수 없다. 그들 역시나 유위법의 희생자일 따름이다.

何以故? 是諸衆生 無復我相人相衆生相壽者相, 無法相亦無非
法相

어째서 그러한가? 이 뭇 중생들은 다시는 아상, 인상, 중생상,
수자상이 없을 것이며, 법의 상이 없을 뿐 아니라, 법의 상이
없다는 생각조차 없기 때문이다.

何以故? 是諸衆生, 若心取相, 則爲著我人衆生壽者, 若取法相,
卽著我人衆生壽者.

어째서 그러한가? 이 무릇 중생들이 만약 그 마음에 상을 취하
면 곧 아상, 인상, 중생상, 수자상에 달라붙게 되는 것이다. 만
약 법의 상을 취해도 곧 아상, 인상, 중생상, 수자상에 집착하
는 것이다.

如來常說 '汝等比丘 知我說法如筏喩者 法尙應捨 何況非法'

여래는 항상 말하였다. "너희들 비구들아, 나의 설법이 뗏목의
비유와 같음을 아는 자들은 정법조차 마땅히 버려야 하거늘,
하물며 정법이 아닌 사법에 있어서랴!"

_『金剛經』정신희유분正信希有分 중에서

256

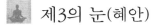

제3의 눈(혜안)

'무위無爲, 함이 없는 함'은 노장사상의 핵심이다. 선불교가 무위
를 받아들임으로써 깨달음을 더욱 더 정확한 논리로 정립할 수 있
지 않았을까 싶다. 특히 무위의 결과물이며 수행의 핵심인 제3의
눈은 생물학적인 눈이 아니라 초자연적이며 초월적인 안목이다.
지혜의 눈이란 직관력을 말한다. 만물을 직관하여 볼 수 있을 뿐
아니라 눈에 보이지 않는 영혼의 세계도 이곳에서 저곳을 보듯
시공간을 초월하여 훤하게 볼 수 있는 힘이다. 무위에서 나타나
는 묘한 작용은 이제 무위를 설명하고 대변하고 광원의 근원을
설명하고자 한다.

불가에서는 혜안, 법안, 불안佛眼으로 지칭되는 이곳은 영적인 깨
달음의 대명사이다. 묘한 작용의 한 부분인 백회혈과 관음, 제3
의 눈의 등장은 수행의 마지막 단계과정을 객관화한다.
제3의 눈은 일반적으로 접신된 무속인들이 영혼과 귀신을 볼 수
있는 영안靈眼, 영혼의 세계와 혼돈할 수도 있다. 하지만 그들은
귀신을 볼 수 있다는 것뿐으로 영혼의 제도나 퇴마는 불가능하
다. 그들의 영안과는 전혀 다르다.
청정淸淨으로 무장한 법신의 눈인 법안法眼은 영혼의 세계를 제

압하는 것은 물론, 영혼의 세계를 넘어선-시공을 초월한 카르마의 흔적까지 낱낱이 들여다볼 수 있고 제도할 수 있는 또 다른 고차원 세계의 진입로인 것이다.

영혼의 세계가 존재한다는 것은 비현실적이며 비이성적일 수 있지만, 죽음과 연관된 영혼이 머무는 곳으로 정리하면 쉽다. 그러나 그곳도 시공간에 갇힌 4차원의 영혼의 세계와 또 다른 고차원의 시공간을 초월한 카르마로 분리할 수 있다.
카르마란 지난 생은 물론 빅뱅 이후의 모든 인연과 삶의 흔적을 총칭한다. 제3의 눈은 영혼의 세계를 정복함은 물론 그 너머에 있는 고차원의 카르마를 녹이는 빛이며 동시에 그 빛을 만들어 내는 광원이다.

그럼 제3의 눈은 어떻게 개발되는가 묻지 않을 수 없다. 한때 시중에서는 단전호흡법의 대가로 자처하는 착각도사가 이마 한복판에 딱따구리가 이마를 쪼는 그림을 연상하는 자기최면법을, 또 어떤 명상단체의 작자는 굴착기로 광석을 캐듯 이마를 쪼는 자기최면을 연상하라고 했다. 그렇게 했는데도 개발되지 않는 건 지극히 당연한 일이다. 자기최면이나 의념수련이 아닌 오로지 무위의 선禪수행만이 그곳에 당도할 수 있다.

소리법문, 관음은 머리 언저리 - 저 멀리에서 시작하여 점차 백회혈로 다가선다. 소리의 파장이 점점 확대되면서 밀도가 강해지면 백회혈에서 전적으로 카르마를 제도하며 내보낸다.

정진의 시간이 쌓이면 소리는 이마 정중앙의 천목혈로 자리를 이동한다. 이때 소리는 소리의 파동에서 빛으로 변화하면서 수많은 빛의 입자들을 증폭시키며 제3의 눈을 개안한다. 이때쯤은 카르마를 하나씩 캐서 내보내는 과정을 지나 카르마 그 자체를 바로 녹이는 용광로 역할이 시작된다.

관세음보살과 아미타불의 등장이다. 성경의 가브리엘 천사와 미카엘 천사의 비유와 동일한 것 같다. 필자도 소리법문의 수행 끝자락에서 가브리엘 천사를 목격한 것은 어릴 적부터 믿어온 가톨릭의 영향인 듯하다.

아미타 부처님이 어디에 계시는가?
마음에 붙여두어서 부디 잊지 말라
생각하여 생각이 다해 생각이 없는 곳에 이르면
6근의 문에서 항상 자금광을 놓으리라.

아미타불은 산스크리트어로 아미타파(AMITAPA)이며 무량수(無量壽, Amitāyus), 무량광(無量光, Amitābha)을 뜻한다. 시간과 공간

에 존재하는 빛의 이름이 아미타파이다. 칠흑과 같은 무진장 세
월의 어둠의 세계일지라도 한줄기의 강렬한 빛은 화롯불 위에
잔설 녹듯이 단숨에 어둠을 녹일 수 있다. 우리의 카르마는 지난
세월 수만 수천數萬數千 삶의 흔적들이며 갚아야 할 빚으로 겹겹
이 쌓인 어둠의 동토 층이다.

> 우리가 단 한순간만이라도 우리 자신을 완전히 놓을 수 있다
> 면 우리는 모든 것을 얻을 수 있을 것이다.
> _ 마이스트 엑카르트(Meister Echkhart, 1260~1328)

신비주의 대가인 마이스트 엑카르트는 모든 신비주의는 신神이
라는 언어를 넘어서 신성 그 자체로의 접근을 시도한다고 했다.
그때쯤 나 개인의 영혼은 신과의 합일을 추구한다. 그러나 그 궁
극에 있어서는 이러한 합일조차도 거부되는 단절이 드러난다.
신과 나라는 모든 실체가 거부되어야 한다는 표현은 '도가도 비
상도, 명가명 비상명'을 떠올리게 한다.

10.

불립문자

불교의 교리敎理는 산스크리트어와 팔리어에서 출발한다. 『숫타 니파타』의 원시경전에서 시작하여 중국 위, 진, 남북조의 한자漢 字라는 언어의 옷을 입고 수, 당에서 문화부흥기를 맞으면서 수 많은 경전으로 정리된 교리다. 그러다가 중국의 도교사상에서 힌트(?)를 얻어 논리를 떠난 격외도리格外道理와 불립문자不立文 字를 앞세워 언어의 부정과 더불어 언어를 뛰어넘은 깨달음의 세 계를 논한다.

다시 말해 불교의 교리는 삶의 고통을 해소하는 방법에 관한 물 음이다. 이것이 결국 나라는 아我의 존재 때문인 것을 간파한다 면 그 해답은 간단하다. 이때 나(我)라는 것은 나의 식識에 나타나는 집착執着의 총체상이다. 따라서 그것은 부정되어야만 하는 것이다. 하지만 인간에게서 나의 존재는 말이나 문자로서 설득하기란 부족하다. 존재의 해탈이라고 하는 것은 언어의 부정 없이는 이루어질 수가 없다. 이러한 언어의 부정을 불립문자라고 한다.

불립문자가 소기하는 바는 곧 직지인심이다. 언어를 뛰어넘어 사람의 마음을 곧바로 가르친다는 것이다. 교리로써 깨달음을 열거한다는 게 아니라 곧바로 깨달음을 포착한다는 의미다. 제아무리 교학적 이론이 체계적이고 고답적이라 해도 깨달음의 세계는 언어가 아닌 실천에서 오는 결과물이다. 따라서 이것임을 증명하는 선禪수행은 언제나 이론보다 행行을 우선으로 한다.

선禪은 곧 실천이다. 실천이란 곧 언어로부터의 해방이며 무언의 약속이다. 선이란 순수한 무교회주의자들이 말하는 것과도 같은 무조직의 수행 그 자체다. 덧붙여 아주 본질적인 무정부주의며 일체의 제도를 거부하게 된다. 그러나 교敎를 모르고 선禪을 논한다는 것은 언어도단이다.

사성제

석가 부처는 우리의 삶을 고집멸도 4제로 풀이한다.

"내가 지금 고집멸도를 풀이하노니
고苦라 함은 더없는 고통의 이름이요,
집集이라 함은 더없는 번뇌의 이름이요,
멸滅이라 함은 더없는 해탈의 이름이요,
도道라 함은 더없는 다다름의 이름이니라."
_『대반열반경』가섭보살편

사성제의 고苦는 괴로움의 몸이다. 집集은 번뇌의 마음이다. 멸滅은 몸과 마음을 부정하면서 모두를 내려놓는 것이다. 도道는 진리의 깨달음이며 통찰력이다.

석가 고타마가 35살에 부다가야 보리수나무 아래서 깨달음을 얻을 때 그 논리의 핵심이 바로 이것 4제이다. 뒷사람들이 성聖자를 붙여서 4성제四聖諦라고도 일컫는다. 석가의 설법을 팔만사천 경으로 설명하는데, 단 한마디로 줄일 수 있다면 바로 이 4성제일 것이다. 그러므로 4성제를 똑바로 알면 부처의 가르침을 다 안다고 해도 과언이 아니다.

석가는 인생을 괴로움으로 보았다. 성공과 쾌락을 동시에 추구하는 이들은 인생을 괴로움이라 보는 데 대해서 반대를 할 수도 있다. 그러나 그들도 운명의 마지막 숨을 할딱이며 죽음을 눈앞에 마주하면 인생이 쾌락이라는 말은 절대 못할 것이다. 죽음조차 인생의 쾌락이라고 한다면 그는 어떤 의미에서 인생을 달관한 사람일 것이다.

4성제의 첫 번째 고苦의 주제는 괴로움의 몸이다. 육신이 건강함은 좋을지 몰라도, 그것이 지니는 끝없는 탐욕은 고통의 원인이 된다.

노자는 말하기를 "가장 큰 걱정이 몸이다. 무엇을 일러 가장 큰 걱정이 이 몸인가. 나로서 큰 걱정이 있는 것은 내가 몸을 가진 때문이다. 내 몸이 없는 데 이르면 내 무슨 걱정이 있겠는가!(貴大患若身 何謂貴大患若身 吾所以有大患者 爲吾有身 及吾無身 吾有何患)"(『노자』 13장)

노자의 걱정된 몸이나 석가의 괴로운 몸이나 그 본 관점은 같다. 우리의 인생살이가 마냥 청춘일 것이라는 막연한 기대는 머리에 흰서리가 내리는 어느 날 '청춘을 돌려다오'라는 유행가 가사가 가슴에 콕 와 닿으며 저 멀리 사라져버린다.

그런데 사람들은 '이 몸이 곧 나'라고 생각하여 얼마나 애착하고 가다듬는지 모른다. 어쩌면 몸은 식색食色의 탐욕에 눈이 먼 짐승에 지나지 않는다. 맛있는 것을 보면 군침을 흘리고 글래머 섹시 스타를 보면 눈동자가 반짝인다. 평생토록 이런 짐승 몸을 애지 중지 받드느라 길지 않은 인생 다 보내면서도 후회조차 않는다.

"몸이란 뼈를 엮어 성城을 만들고 살을 바르고 피를 거기 돌리며, 그 가운데 늙음과 죽음, 그리고 교만과 성냄을 간직하고 있다. 목숨이 다해 정신이 떠나면 가을들에 버려진 표주박처럼 살은 썩고 앙상한 백골만 뒹굴 것을 무엇을 사랑하고 즐길 것인가."
_ 『법구경』

 마음의 스승

집集은 번뇌하는 마음을 대변한다. 우리의 몸은 육체와 영혼으로 구성되어 있어 영육靈肉이라 한다. 하지만 신神은 인간에게 그들만이 소유한 '자유의지'인 마음을 선사했다고 전한다. 숙명과 운명의 차이는 자유의지의 관할권이다. 탁자 위의 물컵을 마시고 안 마시고는 나의 의지에 의한 것이다. 그래서 육체와 영혼, 그리고 마음이 결합된 것이 인간이다.

자유의지를 부추기는 것이 있으니 곧 바깥의 경계다. 쇼윈도에 진열된 상품에 구매욕구가 생기는 이치가 견물생심이다. 바깥의 객관에 반응하는 경계인 오온(五蘊: 色聲香味觸法)을 오집五集이라고 한다. 몸에 달려 있는 오관에 들어오는 감각을 모은다고 모음(集)이다. 그것이 생각이 되고 결국 마음의 바탕이 되기 때문이다.

달마대사께 '마음이란 무엇입니까?'라고 물었다. 달마께서 말씀하시기를

> 마음에 다른 모습이 없으면 진여眞如라 이름한다.
> 마음을 바꿀 수 없으면 법성法性이라 이름한다.
> 마음이 매이지 않으면 해탈解脫이라 이름한다.
> 마음이 꺼리기지 않으면 보리菩提라 이름한다.
> 마음 바탕이 조용하면 열반涅槃이라 이름한다.
> (心無異相 名作眞如 心不可改 名爲法性 心無所屬 名爲解脫 心性無
> 碍 名爲菩提 心性寂滅 名爲涅槃)
> _ 『달마선어록』

멸滅은 없앤다는 뜻이다. 몸과 마음의 에고(我相)가 죽어야 한다는 말이다. 죽는다는 말은 부정한다는 의미다. 고집멸苦集滅은 에고의 몸과 마음을 부정하라는 뜻이다. 이제까지 나라고 생각했

던 육신, 그리고 마음 역시도 가짜의 나라고 부정해야 한다. 진정한 참나가 따로 존재한다는 것이다.

도道는 진리라는 뜻이다. 진리란 하늘의 이치다. 우리가 겪는 지구의 삶이 먹고 마시고 종족보존에만 있다면 짐승과 다름이 없다. 짐승도 먹이를 찾고 번식을 위해 투쟁한다. 그러나 우리 인간은 생각하는 '자유의지'를 가진 만물의 영장으로서 신神을 흠모하다 못해 신의 흉내라도 내야지 결코 짐승일수는 없지 않는가.

이제까지 나라고 생각하고 애지중지 살찌운 육신과 마음은 어쩌면 가짜의 '나'이며, '참나'가 따로 있음을 바로 아는 것이 도道다. 주체에서 떨어져 나온 객체가 '참나'임을 알고 스스로 밝히고 찾아가는 길이 도인 것이다.

"마음의 스승이 되기를 원하고, 마음을 스승으로 함을 원치 아니한다."
_『열반경』사자후보살품

"선남자여, 마음은 부처의 성품이 아니니라.
왜냐하면 마음은 무상無常한 것이요,
부처의 성품은 항상恒常한 것이니라."
_『대반열반경』

본성

주체는 무엇이며 객체란 무엇인가? 동서고금의 철학은 논리를 풍족하게 만든다. 하느님이 내 몸에 내리면 황송하여 성령聖靈이라고 말을 바꾼다. 부처가 내 몸에 내리면 불성佛性이라고 하고, 하늘의 이치인 본성이 내 몸에 내리면 자성自性이라 한다.

『중용中庸』에 이르기를 "천명지위성天命之謂性 솔성지위도率性之謂道 수도지위교修道之謂教"라고 했으니, 즉 하늘이 명한 것을 성性이라 하고, 성에 따르는 것을 도道라 하고, 도를 닦는 것을 교教라 한다.
본성(性)은 마음(心)과 태어남(生)의 두 자가 합성되어 이루어진 글자로, '태어나면서 갖춘 마음'이라는 의미이다. 사전적으로는 사람이 본디부터 가진 성질, 사물이나 현상에 본디부터 있는 고유한 특성을 말한다. 맹자는 인간의 본성을 동물은 갖지 못하고 인간만이 가진 특징으로 규정했다. 그것은 육체적인 욕망은 배제된, 도덕과 관련된 능력만을 의미한다.

하지만 본성本性은 형이하학이 아닌 형이상학의 견해도 첨가된다. 우리가 가지는 의식과는 또 다른 순수의식으로, 궁극적이고 자율적인 실체를 가지고 있다. 이것은 마치 외부의 광원을 필요로 하지 않고 자기 스스로를 밝히는 등잔불처럼 주객관계를 떠나 무한한 통찰력과 지혜가 겸비되어 있다. 이러한 순수의식을 하늘의 이치라고 표현한다.

그러면 어떻게 하면 하늘의 이치를 알 수 있을까? 명상과 묵상, 그리고 기도수행을 통하면 알 수 있다고 전해지지만 그것은 정답이 아니다. 오로지 일반적 무심이 아닌, 무위의 선禪수행만이 그 길을 안내할 따름이다. 왜냐면 지향성이 있는 서원이나 기도는 의식을 동원하는 수행법으로 유위법이 된다. 유위란 인간이 만들어내는 것으로 생각의 힘, 염력의 에너지이기 때문이다.

따라서 선수행의 입장에서는 인간이 만들어내는 의식의 결정체가 오히려 영혼의 세계를 오염시키고 있다는 사실이다. '구하거나 의지하며 상을 짓는' 수행법은 맑음이 아닌 염력 에너지를 만들며 영혼을 오염시키는 주범이 된다. 이들과 유사한 '대상에 안주하는 정통적 종교기법'도 영혼의 오염을 가속화시킨다.
그와는 정반대로 무위無爲로 무장한 선수행을 통해서 얻어지는 맑음의 법력에서 진정한 불법佛法의 세계가 발현된다는 사실에 주목해야 할 것이다.

그렇다면 무위란 정말 "아무것도 하지 말라"는 것일까? 그렇지 않다. 의식을 동원하지 말라는 의미일 뿐 나무나 돌과 같은 무정물처럼 아무것도 하지 않는 무기공無記空을 말하는 것은 아니다. 결국 생각은 일어나지만 머물지 않는 '신성한 무관심' – 응무소주 이생기심, 응당 머무름이 없이 내는 마음 – 의식의 통제에서 나타나는 순수의식인 본성의 등장이다.

불교의 대승사상은 일체무아一切無我다. 모든 것이 공空으로 귀착되는 공空 도리에 순수의식 격인 본성本性과 자성自性의 등장은 씨도 먹히지 않는 사유임에는 틀림없다. 순수의식이 실체로서 엄존한다는 생각 자체가 무아론無我論에 완전히 위배되는 것이다. 그래서 굳이 마음의 스승이 되라고 기술하지 않았을까 추측할 수 있다. 시간이 흘러 5대 홍인대사는 자성의 위대성으로 마음법의 가치를 높인다.

어찌 자성自性이 본래 청정함을 알았으리까.
어찌 자성이 본래 나고 죽는 일이 없음을 알았으리까.
어찌 자성이 구족具足함을 어찌 알았으리까.
어찌 자성이 본래 흔들림이 없음을 알았으리까.
어찌 자성이 능히 만법을 냄을 어찌 알았으리까.

11.

마음공부

조용한 호숫가에 바람이 불면 호수의 수면에 물결이 일듯이 우리의 마음도 항시 외적인 영향 아래 움직인다. 바깥의 경계에 마음이 흔들리는 것을 견물생심이라 한다. 불전은 주관인 안이비설신의 6근六根과 객관인 색성향미촉법 6경六境과 견물생심인 6식六識을 포함하여 18계를 수행자들이 건너야 할 정복지로 선정한다. 그렇지 못하면 광란의 폭풍 속에 미친 듯이 넘실대는 대양大洋의 파도와 같이 우리의 마음도 폭풍 속 파도와 다름이 없이 광란으로 춤출 것이다.

백척간두 진일보百尺竿頭進一步, 높이 백척이나 되는 대나무 끝에 선다는 것은 이미 향상하였다는 의미다. 그러나 그곳에서 만족하지 않고 앞으로 한 발을 더 내딛어야만 비로소 깨달음의 세계가 보인다는 뜻이다. 누가 감히 깨달음을 논할 수 있을까!

따라서 카르마를 녹일 수 있는 맑음의 시스템(백회, 관음, 원통터널)을 가진 고급수행자라 해도 마음이 흔들리면 그 기능이 한순간 저하되며, 집착의 여운은 그 기능조차 상실하게 된다. 경혈의 개혈과 가동은 분명 다르다는 것이다.

앞서가는 스승의 힘으로 개혈은 가능하지만 본인의 마음이 정착하지 못하면 수행의 완성은 공염불이 된다. 더구나 고급수행자들의 한 생각은 초보수행자와 달리 강력한 염력 에너지를 만들 수 있다. 그러기에 마음이 흔들린다면 생각의 끝에서 흘러나오는 번뇌는 가히 초인적인 염력 에너지가 될 것이다. 불가佛家에서 '마음을 내려놓아야 한다'는 의미는 초보자보다 고급수행자가 반드시 지켜야 할 덕목이다.

그럼 어떻게 마음을 내려놓아야 할까? 마음을 비우는 것은 도대체 어떻게 하는 것인가? 누구는 하심下心을 말하기도 하고 또 역지사지易地思之라 말하기도 하는데, 그렇게 하면 저절로 맑음이 오는 걸까? '이웃을 내 몸처럼 사랑하고, 형제들에게 무한정의 인내와 참을성으로 용서하고, 더구나 원수를 사랑하라'고 성경은 말하지만, 그게 마음 뜻대로 되지 않는다.

"마음이 몸을 따르기도 하고 몸이 마음을 따르기도 하나, 보살은 그렇지 아니하니 몸이나 마음이나 모두 자제하게 되느니라."
_ 『열반경』 덕왕보살품

탐진치

종교는 '가난하고 불우한 이웃을 내 몸처럼 생각하라'고 한다. 사랑과 자비와 관용을 베푸는 것이 목적이다. 하지만 불우한 이웃을 돕는 일도 물론 중요하지만 일상 속에서 삶을 더욱 여유롭게 누릴 수 있도록 마음을 닦는 자기성찰의 산실로서의 가치가 더큰 의미일 수 있다. 그리고 나아가 '이웃을 내 몸처럼 사랑'하는 실천사상으로 마음의 여유로움과 함께 영혼의 영생을 얻기 위한 구함이기도 하다.

이 세상의 고통은 모든 것이 자기 마음에 의해 일어나고 작용하는 것으로, 어떠한 부나 권력도 만족을 줄 수 없을 뿐 아니라 영원한 행복은 결코 존재하지 않는다는 것이 정설이다. 가난한 자는 재물財物이 없어 고통스럽고, 부자는 재물의 양만큼 번뇌가따르고 고통이 따른다. 대재벌의 총수도 자살로써 삶을 마감하고, 비리에 연루되어 검찰조사를 받던 정치인도 그 순간의 모멸을 이기지 못해 스스로 삶을 포기하고 만다.

소시민의 입장에서 보면 그깟 자존심이 무엇이라고 소중한 자신의 목숨과 맞바꿀까 싶지만, 마음의 힘은 좀체 가늠하기가 힘들다. 그럴 때면 '도대체 마음이란 무엇일까? 마음공부란 어떻게 하는 것일까?' 하는 의문이 생긴다.

도道는 닦는 것이 아니라 오염시키지 않는 것으로서, 먼저 마음속에 있는 탐욕의 불길을 제거해야 한다. 불경에서는 탐(貪, 욕심)·진(瞋, 성냄)·치(癡, 어리석음)를 삼독三毒으로 규정하고 있다. 이것을 쉽게 할 수 있다면 청정淸淨은 그냥 그대로 자연스럽게 나타난다.

부처가 마하가섭을 비롯하여 1천 명의 제자를 거느리고 라자그리하로 들어올 때의 일이었다. 가야산의 작은 언덕을 올라왔을 때 라자그리하의 한 곳에 불이나 모든 것이 불타고 있었다. 부처는 그 광경을 보고 제자들에게 말했다.

"비구들이여, 모두가 불타고 있다. 비구들이여, 눈에서 불이 타고, 마음에서 불이 타고 있다. 이 마음과 눈이 물건에 접촉할 때 감각에 불이 타고 있다. 비구들이여, 어떤 불에 의하여 타게 되는가? 탐욕貪慾의 불, 진애塵埃의 불, 치정癡情의 불로 인하

274

여 타고 있다. 이와 같이 귀가 소리를 들을 때, 코가 냄새를 맡을 때, 혀가 맛을 볼 때, 몸이 접촉할 때 감각으로 인하여 불타고 있다. 눈·귀·코 등의 감각기관이 빛깔·소리·냄새 등의 경계에 접촉하여 감각·지각·의식을 일으킬 때에 삼독三毒의 불이 일어나며, 나고, 늙고, 병나고, 죽고, 근심, 슬픔, 괴롬, 번민의 불이 타고 있다. 비구들이여, 만일 이 가르침과 같이 눈·귀 등의 여섯 가지 감각기관이 빛깔·소리·냄새 등 여섯 가지 경계를 좇아 타는 불이 일어남을 알고 그것을 멀리 여윌 줄을 알아 삼독의 불을 떠나면, 나는 해탈했다는 지혜가 나면 번뇌가 다하고 깨끗한 범행이 성취되어 나고 죽는 죽음의 수레바퀴는 멈추게 되리라."

_『율대회부』상

공자는 말하기를 "군자君子는 세 가지 경계해야 할 것이 있으니 자랄 때는 혈기가 미정한지라 여색을 삼가고, 자라서는 혈기가 바야흐로 강건하니 싸움을 삼가고, 늙어서는 혈기가 이미 쇠약하였으니 욕심을 삼가야 한다(君子有三戒 小之時 血氣未定 戒之在色 及其壯也 血氣方剛 戒之在鬪 及其老也 血氣旣衰 戒之在得) (『논어』계시편)"라고 하였다. 공자는 탐진치를 나이에 따라 더욱 삼갈 것을 가르친 것이다.

삼독 중 최고의 우두머리인 '욕심'은 생명을 유지하는 데 필요한 에너지원이다. 이것이 전혀 없다면 생명의 지속은 장담할 수가 없다. 그러나 욕심을 넘어선 탐욕은 악의 뿌리이며, 마왕의 시커먼 손짓이다.

'성냄'은 이기심의 근원으로 오염의 주원인이다. 일상에서 예사롭게 표출하는 화풀이는 남에게는 물론 본인에게도 영육靈肉 간에 심각한 후유증을 유발시킨다. 성내는 마음을 잡을 수만 있다면 마음공부의 절반은 정복한 셈이다. 성경에서는 "누가 나에게 잘못했을 때 일곱 번씩 일흔 번이라도 용서하라(「마태복음」 18; 22)"고 용서를 당부하고 있다. 화를 내는 행위는 욕심과 어리석음보다 더욱 인성을 황폐화시킬 수 있는 것임을 잊지 말아야 한다. 무심코 뱉은 한마디의 성냄은 칼끝과 같아 주먹보다 더 큰 상처를 입힐 수 있다.

'어리석음'은 낮은 지능의 언행보다는 정법과 사법의 구별, 일 (事)의 옳고 그름, 이성異性의 유혹으로 설명하는 것이 적절하다. 특히 본능의 하나인 종족보존은 결코 죄가 될 수 없지만, 수행자는 진리파지眞理把持가 목적인 이상 혼인의 유무와 관계없이 이성에 대한 동경심은 금물이다.

마음공부는 이타심利他心을 기르는 것으로부터 시작한다. 나의 이익은 남을 돕는 것으로 시작되며, 남에게 이익이 되는 행위는 지금 당장 내게 손해가 될 수 있다 하더라도 큰 시각으로 볼 때 영혼의 격格을 높이는 행위가 되며, 언젠가는 나를 이익 되게 할 것이다. 역지사지易地思之는 항시 남의 입장에서 생각하며 행동하는 것으로 이타심의 핵심이다.

"마음을 기르는 데는 욕심을 작게 하는 것보다 더 좋은 것은 없다고 하였다. 작다는 것은 없다는 것의 시작이다. 작게 하고 작게 하여 다시 더 작게 할 수 없음에 이르면 마음을 비워서 신령하게 된다. 신령의 비춤이 밝음이 되고, 밝음의 실상은 참이다."

_ 토정 이지함

맑음을 키우기 위해서는 마음이 머무르지 말아야 하며(無主), 집착을 버려야 하고(無着), 오직 무심無心으로만 정진해야 한다. 머리로는 이해를 하겠는데 가슴으로는 바로 닿질 않으니 어떻게 하면 무주, 무착, 무심이 될 수 있을까?

'내려놓자!' 이 하나의 생각에 모두를 놓을 수만 있다면 얼마나 마음이 편안할까! 하지만 수행자로서의 맑음에 대한 우월감, 또 나만이 가질 수 있는 능력이라는 교만의 생각은 본인 의식과는 상관없이 곧 착着을 만들고 신통을 키운다.

모든 신통은 맑음을 오염시키는 주범이다. 그때는 '또 마구니에게 틈을 보였구나!', '아직도 내(我相)가 있구나!' 이렇게 따끔하게 성찰을 해야 한다. 견성 후의 보림이란 특별한 것이 아니다. '아! 맞다, 그렇구나!' 가슴에 전율이 느껴지는 진심의 성찰을 통해 자신의 무릎을 세게 탁! 칠 때 한 발자국씩 우리 앞으로 다가오고 있는 것이다.

이웃을 사랑하는 것과 관련해서 그대에게 할 말은 단 한마디다. 즉 겸손 이외에 어떤 것도 그대 인격을 거기에 걸맞게 형성시킬 수 없다. 그대 자신의 취약함을 인식할 때만이 타인의 약점에 대해 관대해지고 동정심을 느낀다. 그대는 이렇게 대답할 것이다.

"겸손이 타인을 인내하게 만든다는 것을 나는 잘 이해하고 있습니다. 그러나 처음에 어떻게 겸손할 수 있겠습니까?"
"다음의 두 가지를 결합하면 겸손해질 것이며, 그대는 그 둘을 결코 분리해서는 안 된다. 첫 번째는 깊은 심연에 대한 묵상으로, 그곳에서 신의 전능하신 손이 그대를 끌어낸 후, 그 후로도 그대를 그곳에서 붙잡아 두고 있다.
두 번째는 모든 곳에 스며 있는 신의 현존이다. 우리가 자신을 잊는 것을 배우고, 우리를 눈부시게 만드는 무無를 제대로 측

량하고, 감사하게도 만물을 흡수하는 그 위대한 왕 아래 점점 작아지는 것에 익숙해질 수 있는 것은 오로지 신을 바라보고 신을 사랑함으로써이다. 신을 사랑하라. 그러면 그대는 겸손해질 것이다. 신을 사랑하라. 그러면 그분의 사랑에 대한 보답으로 그분께서 그대에게 사랑하라고 주신 모든 것을 사랑하게 될 것이다."

_ 페늘롱

 ## 콤플렉스

탐진치의 3독을 정복하는 것은 수행자의 당연한 의무다. 하지만 3독도 중요하지만 내 마음속의 콤플렉스를 방관할 수는 없다. 콤플렉스의 사전적 의미는 무의식 속에 잠겨 있는 억압된 관념을 말한다. 어떤 강한 감정과 결부되어 매 순간에 의식적인 행동을 방해하거나 촉진하는데, 흔히 열등감과 같은 뜻으로 쓰이기도 한다.

하지만 정신분석학에서는 열등감과 우월감을 동시에 콤플렉스라고 한다. 우월감(優越感, superiority complex)은 자신이 다른 사람보다 우수하다는 인식 및 여기서부터 생기는 자기 긍정의 감정이다. 많은 경우에서 자존심의 일단에 위치하는 감정을 의미한다.

졸저를 읽고 불원천리 달려온 이들 중에 간혹 묘한 질문을 던지는 이들이 가끔 있다. 앞서가는 스승의 지도 아래 십여 년을 수행한 법사들의 법력을 물어오면 대단히 난감해진다. 지위가 높은 이들부터 3D의 고초를 겪는 구도자들까지 회원들의 직업은 다양하다. 그리고 여성회원들도 심심찮게 등장한다. 그 중 대부분 2~3년 미만에 백회와 관음, 원통터널의 시스템을 완비하고 있지만 아직 날개를 펴기는 스스로 부족함을 느낀다. 그 이유가 마음공부다.

구도자는 자기 주관적 견해를 내려놓는 것을 원칙으로 한다. 그러나 견해와 선입관은 자존심의 바탕으로 언뜻언뜻, 불현듯 일어나는 성품이다. "부자가 하느님 나라에 들어가는 것보다 낙타가 바늘귀를 빠져나가는 것이 더 쉬울 것이다"(「루가」 18;25)라는 성경의 말씀처럼, 사회 엘리트층인 지식인은 부자와 마찬가지로 학문적 지식에 대한 집착을 무시하지 못한다. 어쩌면 재물보다 지식의 우월감에 대한 비중이 더 클 수도 있다.

우월감이란 육신을 지탱하는 버팀목이기에 본인은 모르지만 은연중 나타난다. 재물과 권력의 우월 콤플렉스와 그 반대인 열등 콤플렉스는 내려놓아야 할 아상我相, 아소我所임에 분명하다.

"하늘이 장차 어떤 사람에게 큰일을 맡기려 할 때는 먼저 그 마음과 뜻을 흔들어 고통스럽게 하고, 뼈마디가 꺾어지는 고난을 당하게 하며, 그의 몸을 굶주리게도 하고, 그 생활을 빈궁에 빠뜨려 하는 일마다 어지럽게 하니, 이는 그의 마음을 두들겨서 참을성을 길러주어 지금까지 할 수 없었던 일도 할 수 있게 하기 위함이다."

_『맹자』 고자하편

'도道를 이룰 수 있다면 육신의 고통쯤이야!' 자신만만히 큰소리치던 때가 어제일 같다. 초발심의 감격은 시간 속에 파묻히면서 점점 희석되어간다. 정진만이 수행의 끝이라면 누구나 도를 이룰 수 있을 것이다. 하지만 가도 가도 끝이 없는 구도행은 초발심의 다짐을 잊어버리고 생활고를 한탄하며, 경제적 약자임을 자조하지만 이 또한 내가 선택하지 않았던가. 부귀영화보다 구도행을 원한 전생의 서원誓願이 오늘의 나를 만들었을 터인데!

마음을 '내려놓는다'는 것은 출가자들도 마찬가지다. 법랍이 높은 선승들조차도 조직 속의 생활이란 세속과 다름없다고 언급하는 것을 보면 인간은 사회적 동물이라 어디를 가든 마주치는 문제는 있기 마련인 듯싶다. 그러나 그때마다 성찰이 우리를 초심으로 돌린다. "또 마구니에게 틈을 보였구나!" 마음의 순수함에 도달하려면 이웃에 대한 모든 판단과 자신의 행위에 대한 온갖 쓸모없는 이야기들을 자제해야 할 필요가 있다.

고려 말의 각우覺牛스님은 '자경문自警文'을 지어 선승들에게 생활규범을 일렀다.

"좋은 옷과 맛있는 음식을 받아쓰지 말라.
내 것을 아끼지 말고 남의 것을 탐내지 말라.
말을 적게 하고 행동을 가벼이 하지 말라.
좋은 벗과는 친하고 나쁜 이웃은 멀리하라.
삼경三更이 아니면 잠자지 말라.
잘난 듯이 뻐기거나 남을 업신여기지 말라.
재물이나 여색은 바른 생각으로 대하라.
남의 허물을 말하지 말라.
대중大衆과 함께 살 때 마음을 평등하게 가져라."

여인의 출가에 대해 언급한 불전의 구절이 우리를 슬프게 한다. 부처에게 여인들의 출가를 간청하는 아난다에게 "아난다야, 여인들의 출가를 나에게 청해서는 안 된다"라고 잘라 말했다. ……
그러자 다시 간청하며 되묻기를 …… "그러하다. 여인도 이 법에 들어와 지성으로 닦으면 깨달음을 얻을 수 있을 것이다." ……
아난다가 거듭 간청하기를 "만일 여인도 깨달음을 얻을 수 있사

오면 부처님의 이모이시며 또한 양모이시니, 그 은덕이 크옵거늘 어찌 허락하여 주시지 않나이까?"

부처가 여인의 출가를 경계한 몇 가지 이유가 눈에 띈다.
첫째가 결벽증이며, 두 번째가 모성애다. 그 외 효심이며 측은지심이며 외모지상주의는 여성 구도자가 넘어야 할 산이다. 탐진치의 삼독도 중요하지만 성별이 지닌 생물학적 차등의 콤플렉스도 극복해 넘어야 할 산임엔 틀림없다.

후기

신비주의는 불교의 등신불이나 가톨릭의 벨라뎃다 성녀의 미이라 사건 같은 이적이나 기적사례를 말하는 것이 아니다. 그렇다고 이슬람의 신비주의 수피의 이적 기사나 차력사들의 차력술, 단전호흡의 회춘술 등도 물론 아니다. 무속인의 영통靈通은 더욱 아니다. 결론적으로 말하면 신神의 속성인 신성神性을 찾아가는, 인간이 신으로 거듭날 수 있는 지혜를 의미한다.

동서고금의 위대한 신비주의자들이 우리에게 말해온 바와 같이 인류가 도달해야 할 이상적이고 초과학적인 단계들이 아직 많이 남아 있을지 모른다. 그러고 보면 과학혁명은 지식혁명이 아니다. 무엇보다 무지의 혁명이었다. 과학혁명을 출범시킨 위대한 발견은 인류는 가장 중요한 질문들에 대한 해답을 모른다는 발견이었다.

근대 이전의 전통지식이었던 불교, 유교, 기독교, 이슬람은 세상에 대해 알아야 할 중요한 모든 것은 이미 알려져 있다고 단언한다. 위대한 신들, 혹은 전능한 유일신, 혹은 과거의 현자들은 모든 것을 아우르는 지혜가 있었고, 그것을 문자와 구전 전통으로 우리에게 알려주었다. 학자들은 그런 고대의 문헌과 전통을 파고들어 적절하게 이해함으로써 지식을 얻었다. 그런 연유로 성경이나 코란, 베다에 우주의 핵심 비밀이 빠져 있다고는 상상할 수조차 없었다.

종교와 철학은 인류에게 논리의 풍부성을 선사했다. 우주의 비밀을 브라흐만과 아트만의 이론으로, 그리스도의 빛이며 영광으로 노래하고 있지만 필자의 입장에서 보면 무언가 부족하고 미완성적인 느낌이다.

이것은 마치 시인이나 화가가 자연을 노래하지만 그것이 전부가 아닌 것과 같다. 그들이 느끼는 자연의 아름다움과 순수함으로 신성(Godhead)을 얘기할 수 있고, 어쩌면 자아自我를 비운 묵상가에게 허락한 바와 유사한 실재(Reality)를 포착할 수도 있다. 그러나 그들은 스스로 완벽한 자아를 비우는 수고를 하지 않았기 때문에 신성한 아름다움 그 자체를 충분히 아는 것이 불가능하다.

그들이 받은 은총과 영감으로 지은 시의 행간이나 그림은 다른 사람들에게 감동을 줄 수 있는 소중한 재능이다. 그러나 자기 재능에만 만족하고 예술이나 자연의 아름다움만 찬양한다면 그들도 우상 숭배자에 불과할 뿐이다. 비워지면 보이는 게 다르다. 자연의 경이로움에 도취되어 자연을 경배할 수밖에 없다 위안하더라도 비워지는 노력이 없다면 눈에 보이는 아름다움만 추구하며 우상숭배에 머물고 만다. 자기가 비워지면 신성한 근본바탕 속에 존재하는 아름다움 그 자체를 포착할 수 있을 것이다.

신비주의는 영혼의 세계와 마찬가지로 수평으로만 존재하지 않는다. 눈에 보이지 않는 그 공간이 똑같은 공간일 것이라는 막연한 추측은 금물이다. 수행자가 무속인의 세계를 외면하듯이 그 공간은 불교의 극락세계 구품연대九品蓮臺처럼 수직의 층을 이루고 있다.

불전佛典은 하늘의 세계를 33천으로 나누면서 그 위에 무상정등정각의 절대적 공간을 설정한다. 가톨릭 신비주의자가 주장하는 신비의 세계나 이슬람 신비주의자가 경험한 신비의 세계는 어쩌면 33천 중의 일부인 하늘의 세계일 수도 있다. 이것은 유위有爲와 무위無爲의 공간이 따로 존재하기 때문이다.

그리스 철학의 시조 소크라테스도 "나는 아무것도 모른다는 것을 알고 있다"며 무지의 철학관을 설파했다. 현대과학을 라틴어로 표현하면 '이그노라무스ignoramus-우리는 모른다'에 기반을 두고 있다. 우리가 모든 것을 알지 못한다고 가정하는 것이다. 더욱 중요한 점은 우리가 안다고 생각하는 것이, 우리가 더 많은 지식을 갖게 되면 틀린 것으로 드러날 수 있음을 받아들이는 것이다. 어떤 개념이나 아이디어, 어떤 종교적 이론도 절대적으로 신성하지 않으며 도전을 벗어난 대상이 아님을 밝혀 두고 있다.

하늘의 세계에 관한 논리적 토론과 논쟁은 거의 쓸모가 없다. 실로 많은 경우 그것들은 절대적으로 해롭다. 그러나 교묘한 논법과 풍자에 천부적인 재능이 있는 영리한 사람들은 이러한 점을 인정하기가 특히 어려울 것이다. 그러나 그들이 주장하는 논리를 우리는 이성적으로 정리할 필요가 있다. 무위無爲란 인간의 의식이 관여하지 않는 '신성한 무관심'에 핵심이 있다는 사실을! 그리고 '구하거나 의지하거나 상을 짓지 않는' 조사祖師들의 사자후를 수행자들은 꼭 기억해야 할 것이다.

김성갑

- 한국 선도회 회장
- 고신도 도주道主
- 저서: 『마음공부와 선』
       『기수련과 선』
       『선이란 무엇인가?』外

http://cafe.daum.net/hksundo
http://www.hksundo.com

한국선도회 010-5537-0260(종로구 인사동)
부산지원 : 070-8153-0260(서면 롯데백화점 뒤편)

신비주의와 선 – 육신통과 깨달음

초판 1쇄 인쇄 2018년 6월 5일 | **초판 1쇄 발행** 2018년 6월 12일
지은이 김성갑 | **펴낸이** 김시열
펴낸곳 도서출판 운주사

(02832) 서울시 성북구 동소문로 67-1 성심빌딩 3층
전화 (02) 926-8361 | 팩스 0505-115-8361
ISBN 978-89-5746-517-2 03220   값 15,000원
http://cafe.daum.net/unjubooks 〈다음카페: 도서출판 운주사〉